Detlev Dietze

Ernstes und Heiteres aus der Residenzstadt Schwerin

AF551392

Impressum

Detlev Dietze

Ernstes und Heiteres aus der Residenzstadt Schwerin

ISBN 978-3-96521-158-2 (Buch)
ISBN 978-3-96521-159-9 (E-Book)

Gestaltung des Titelbildes: Ernst Franta

Historische Ansichtskarten und Bilder: Aus der Sammlung des Autors und aus der Sammlung von Andreas Bendlin

Satz: MEDIENAGENTUR - Franta, www.medienagentur-franta.de

Druck: CUSTOM PRINTING, Wał Miedzeszyński 217, 04-987 Warszawa, Polen, www.cp-buchdruck.de

Alle Rechte vorbehalten. Jede Art der Vervielfältigung, auch auszugsweise, gesetzlich verboten. Printed in Poland.

© 2024 EDITION digital®
Imprint des Geschichtlichen Büchertisches
Ralf G. Jordan
Bischof-Wedekin-Str. 14
31162 Bad Salzdetfurth
Tel.: 05064-9609641
E-Mail: ralfjordan@geschichtlicher-buechertisch.de
Internet: www.geschichtlicher-buechertisch.de

Für die Durchsicht vieler Texte von mir danke ich Herrn Lutz Dettmann.

Ein Großherzogtum entsteht

Schwerin ist nicht die größte, aber die älteste Stadt in Mecklenburg. Erstmals genannt wird sie in der Chronik des Merseburger Bischofs Thietmar im Jahr 1018. Im Land herrscht seit der zweiten Hälfte des 6. Jahrhunderts der slawische Volksstamm der Obotriten, der 1160 von dem Sachsenherzog Heinrich der Löwe unterworfen und christianisiert werden wird. Die obotritischen Fürsten schaffen es, ihre Macht bis 1918 aufrechtzuerhalten. Und das fast ununterbrochen, ausgenommen eine kurze Periode im 30-jährigen Krieg, als der kaiserliche Feldherr Wallenstein mit dem Land belehnt wird und den Herzog aus dem Land jagt. Doch die mecklenburgischen Herzöge werden durch den schwedischen König Gustav Adolf wieder im Land installiert und dürfen sich ab 1815 sogar Großherzog nennen. Der erste, der sich so tituliert, ist Friedrich Franz. Da er seine Soldaten in den Kampf gegen Napoleon schickt, wird ihm vom Wiener Kongress diese Standeserhöhung zugestanden. Friedrich Franz I. Großherzog von Mecklenburg-Schwerin, stirbt am 1. Februar 1837 in Ludwigslust, wird nach Doberan überführt und im Münster beigesetzt. Zur Regierung gelangt sein fast 37 Jahre alter Enkel Paul Friedrich, seit 1822 mit Alexandrine, Tochter des Königs von Preußen und seiner schönen Frau Luise, verheiratet. Die beiden verlegen ihren Wohnsitz von Ludwigslust nach Schwerin.

Die alte Obotritenburg auf der Schlossinsel passt nicht mehr zu den Anforderungen der Zeit. Ein neues Palais wird geplant und mit dem Bau begonnen, an der Stelle, wo heute das Museum steht. Vorerst nimmt das großherzogliche Paar Wohnung im Alten Palais am Alten Garten. Als Sommerwohnung wird im Schlossgarten das Greenhouse errichtet. 1839 baut Demmler das gegenüberliegende Kavaliershaus. Beide Häuser werden zwei Jahre später durch eine gusseiserne Brücke verbunden. 1840 schenkt Paul Friedrich seiner Frau Alexandrine das Anwesen. 1842 stirbt der Großherzog und Alexandrine tritt in den Witwenstand. Jahre gehen ins Land, friedliche Jahre, abgesehen von den 1848er Unruhen und dem preußisch-dänischen Krieg, mit dem Mecklenburg nichts zu tun hat. Doch dann ziehen dunkle Wolken am Horizont auf.

Altes Palais (Quelle: Ansichtskartensammlung von Andreas Bendlin)

Auf der Siegerseite

Im Sommer 1866 scheint ein Krieg zwischen Österreich und Preußen unvermeidbar. Hektische Aktivität herrscht in den diplomatischen Kabinetten. Die größeren deutschen Bundesstaaten scheinen sich auf die Seite Österreichs stellen zu wollen. Mecklenburg, geografisch bedingt und durch Alexandrine eng verwandt mit dem preußischen Königshaus, bleibt diesem treu. Nach den Kriegserklärungen kommt es noch im Juni zu größeren Gefechten. Am 3. Juli gelingt den Preußen der entscheidende Schlag bei Königgrätz. Zahllose Verwundete gilt es jetzt zu versorgen. Alexandrine entschließt sich, ihr im Schlossgarten gelegenes Greenhouse zur Aufnahme verwundeter Krieger bereitzustellen. Die ärztliche Oberaufsicht wird Medizinalrat Dr. Mettenheimer übertragen. Mettenheimer, ein geborener Hesse, ist seit 1861 Leibarzt des Großherzogs. Als er mit ihm Anfang August in den Krieg zieht, übergibt er sein Amt an Dr. Driever, einen geborenen Schweriner, der seit 1834 in der Stadt praktiziert.

Greenhaus (Quelle: Ansichtskartensammlung des Autors)

Mit der Oberleitung des Lazaretts wird Ida Masius beauftragt. Sie, die Tochter eines Regimentsarztes, ist Vorsteherin des Krankenvereins in Schwerin, seit 1862 leitet sie das Augustenstift, Jahre später wird sie das

Anna-Hospital gründen. Am 28. Juli 1866 treffen 15 verwundete Preußen in Schwerin ein und werden vom Bahnhof in zwei fürstlichen Wagen nach dem Greenhouse gefahren. Es scheint, dass mit Rücksicht auf die Großherzogin Mutter, Alexandrine, nur leicht Verwundete ausgewählt worden sind. Das Grauen des Krieges passte nicht zu den idealistischen Vorstellungen von Heldentum und Vaterlandsliebe, wie sie an allen deutschen Fürstenhöfen gepflegt wurden. Alle Verwundeten hatten Schussverletzungen in den Gefechten bei Gitschin und Trautenau erhalten. In Pflege genommen waren nur Mannschaftsgrade, Dragoner, Musketiere und Füsiliere. Sie hatten Verletzungen an Armen und Beinen. Verwundungen an Organen, Verkrüppelungen oder Verunstaltungen kamen fast gar nicht vor. In der Bevölkerung herrscht große Anteilnahme am Schicksal der Verwundeten. Am 8. und 9. August stattet Alexandrine Besuche ab. Sie bestellt Fotos von den preußischen Kriegern. Fotograf Strauß, der sein Atelier in der Bischofstraße hat, nimmt sie einzeln und auch in Gruppen auf. Die Aufnahmen werden in den Kunsthandlungen der Stadt ausgestellt. Um für Zerstreuung zu sorgen, lädt Julius Brede, Direktor der Bredeschen Schauspielgesellschaft, die Rekonvaleszenten zu einer Festvorstellung in das neuerbaute Tivoli-Theater nach Zippendorf ein. Zur Aufführung gelangen die Salingrische Posse „Die Afrikanerin in Kalau“ und andere kleinere Lustspiele. Die gute Pflege und Fürsorge zeigt bald Wirkung. Am 17. August kann die Hälfte der Verwundeten als vollständig gesund in die Heimat entlassen werden.

Mit Eingreifen der Mecklenburger Truppen in die Kampfhandlungen kommt es auch bei diesen zu Verwundungen. Am 20. Juli beginnt der Vormarsch nach Bayern. Bei der Einnahme von Bayreuth und im Gefecht von Seybothenreut treten Verluste auf. Schwerverwundete werden im städtischen Krankenhaus versorgt, leichter Verwundete, wie die Dragoner Prohl aus Silz bei Malchow und Gaedke aus Hagenow, finden Aufnahme im Bayreuther Siechenhaus. Ihr Rücktransport in die Heimat sollte sich noch verzögern. Als sie am 23. August in Schwerin anlangen, werden sie in das Greenhouse verlegt. Am 11. September werden die Dragoner Sievert und Freitag eingeliefert. Sie waren schwer verwundet worden, und daher lange Zeit nicht transportfähig. Sievert war der Fuß abgenommen worden und Freitag hatte einen Schuss in den Mund bekommen. Beiden wurde von Ihrem Kommandeur von Boddin besonders mutiges und umsichtiges Verhalten im Gefecht bei Seybothenreut bescheinigt. Das mecklenburgische Verdienstkreuz wurde ihnen noch im Krankenhaus überreicht.

Ende Oktober sind auch die letzten Mecklenburger wieder entlassen und das Lazarett wird geschlossen. Das Pflegepersonal geht wieder seiner Friedensarbeit nach, Dr. Driever kümmert sich um seine Privatpatienten und Ida Masius richtet ihre Aufmerksamkeit wieder auf das Augustenstift und den Schweriner Krankenverein. Für einige der behandelten Soldaten hat sich das Leben verändert. Prohl wird beim Oberpostamt in Schwerin angestellt, andere kommen als Paketboten unter. Sievert kehrt Anfang Februar 1867 aus Berlin mit einer Fußprothese zurück, lernt damit laufen und hofft, dass sich auch die Haut, welche sich über dem Stumpf des abgenommenen Fußes gebildet hat, an den Ersatz gewöhnt. Für Alexandrine hat sich nichts verändert durch diesen Krieg.

Franzosen in Schwerin als Gefangene

Ihr Sohn Friedrich Franz II. kehrt siegreich und gefeiert in die Heimat zurück. Im Sommer 1867 kann Alexandrine wieder ihren Tee im Greenhouse nehmen und gemeinsam mit ihren Hofdamen den Erzählungen über Heldentaten preußischer und mecklenburgischer Soldaten und Offiziere in den deutschen Einheitskriegen lauschen. Und auf neue Heldentaten braucht sie auch nicht lange zu warten. Im Sommer 1870 bricht zwischen dem Norddeutschen Bund, dem auch Mecklenburg-Schwerin angehört, und Frankreich ein schon lange vorhergesehener Krieg aus. Auch dieser Krieg wird Helden hervorbringen, und er wird seine Opfer fordern. Und das nicht zu knapp. Januar 1871, ein in vielerlei Hinsicht denkwürdiges Jahr, bricht an. Für viele zwischen Bangen und Hoffen, um das Leben ihrer Söhne, Brüder und Ehegatten. Der Krieg tobt schon seit einem halben Jahr.

Während sich die mecklenburgischen Truppen in Matsch und Schnee durch das Loiretal schleppen, bemüht man sich in der Heimat durch Sammeln von Geldbeträgen und Liebesgaben aller Art den nötigsten Bedürfnissen der Soldaten gerecht zu werden. Jung und Alt, Menschen aus allen Bevölkerungsschichten, beteiligen sich.

Auch Prominente wollen nicht zurückstehen. Am 6. März lässt Fritz Reuter aus dem fernen Eisenach einen Spendenaufruf in die Zeitung einrücken. Sein Mitgefühl gilt Johann Jenzen aus Neukalen, 25 Jahre alt. Eine Kugel hat ihm das Augenlicht genommen, das letzte, was er sah, war die von Feinden besetzte Kirche von Artenay. Spenden können direkt an die „Mecklenburgische Zeitung“ gesandt werden. Die Sammlung erstreckt sich über mehrere Wochen. Kaufmann Däbeler in Rostock wird das Geld für Jentzen gewinnbringend anlegen. Insgesamt sind fast 2000 Taler zusammengekommen. Lohn der Angst und der Tausenden Stunden Dunkelheit für den Rest seines Lebens. Gegenüber den Kriegsgefangenen verhalten sich die Mecklenburger, anders als in späteren Kriegen, überwiegend tolerant. Das Fremde zieht an oder stößt ab. In Ludwigslust wird ihnen allerhand angedichtet. So sollen sie die Schwäne im Kanal am Lazarett vergiftet haben, ebenso den Hund des Herzogs Johann Albrecht. In Schwerin erwecken die Fremden den Neid der männlichen Bevölkerung. Den Damen wird zu große Zutraulichkeit gegenüber den Franzosen vorgeworfen. Um die Gefangenen zu beschäftigen, werden sie beim Bau des später Franzosenweg genannten Weges zwischen Schwerin und Zippendorf eingesetzt. Auf dem Markt verkaufen sie selbstgefertigte Gebrauchsgegenstände, geflochtene Matten, Körbe und Ähnliches. Die biederen Schweriner Hausfrauen erliegen dem Charme der Franzosen und zahlen die geforderten exorbitanten Preise. Am 30. März werden die französischen Kriegsgefangenen in ihre Heimat entlassen. Einige aber bleiben für immer hier, sie sind Krankheiten erlegen und finden ihre letzte Ruhestätte auf dem Katholischen Friedhof in der Wismarschen Straße. Einer von ihnen war jüdischen Glaubens und wird auf dem Friedhof in der Werdervorstadt beerdigt.

Franzosenweg (Quelle: Ansichtskartensammlung von Andreas Bendlin)

Noch tobt der Krieg, da werden schon Siegestrophäen nach Hause gebracht. Am 28. Februar treffen drei erbeutete französische Kanonen in Schwerin ein. Dass es sich eher um Museumsstücke, veraltete Vorderlader aus dem 18. Jahrhundert, handelt, wird verdrängt. Vorläufig werden sie im Arsenal am Pfaffenteich untergebracht, später werden zwei zu Füßen der Siegessäule auf dem Alten Garten aufgestellt. Die Franzosen werden sie sich zurückholen, die letzten 1921, drei Jahre nach dem verlorenen Ersten Weltkrieg. Unterdessen haben sich die deutschen Heere auf dem Kriegsschauplatz durchgesetzt. Als am 2. März die Annahme der Friedensbedingungen durch die Franzosen bekanntgegeben wird, kennt die

Freude keine Grenzen. Die Straßen füllen sich mit Menschen, die Stadt verwandelt sich in ein Fahnenmeer.

Siegessäule mit Beutekanonen (Quelle: Ansichtskartensammlung des Autors)

Selbst Hofbaurat Demmler zieht eine Flagge auf, zum ersten Mal seit über zwanzig Jahren. Das erregt Aufsehen und ist Gesprächsthema. Von den Zinnen seines Hauses am Pfaffenteich weht weithin sichtbar eine weiße Flagge. Sie ist Symbol der 1867 in Genf von Demmler mitbegründeten Friedensliga. Die Liga war gegründet worden, um einen drohenden Krieg zwischen Frankreich und Preußen zu verhindern. Genützt hat es leider nichts. Der Großherzog kehrt am 12. März nach Schwerin zurück. Vorerst hat er mit seinen neuralgischen Kopfschmerzen zu tun und bemüht sich, wieder zu Kräften zu kommen. Die wird er auch bald nötig haben.

Turbulent geht es in diesem Jahr am großherzoglichen Hof zu. Am 1. April 1871 stirbt Erbgroßherzogin Auguste nach über 50jähriger Witwenschaft. Ihr Tod wird in der Bevölkerung kaum wahrgenommen. Zu stark wirken die Geschehnisse des kaum beendeten Krieges. Beigesetzt wird sie im Mausoleum im Ludwigsluster Schlossgarten. Einige Gendarmen und eine halbe Eskadron Dragoner, Ersatzmannschaften, die der Krieg verschont hat, geben ihr das letzte Geleit.

Kaiser-Wilhelm-Straße, rechts das Demmler-Haus (Quelle: Ansichtskartensammlung von Andreas Bendlin)

Freud und Leid liegen eng beieinander in diesen Tagen. Kaum ist die alte Herzogin gegangen, da wird ein Kind geboren. Großherzogin Marie wird am 5. April von einem gesunden Knaben entbunden. 101 Kanonenschüsse, aus gerade erst eroberten französischen Kanonen, verkünden das freudige Ereignis. Im Beisein des deutschen Kronprinzenpaares wird der junge Herzog am 17. Mai auf den Namen Friedrich Wilhelm getauft. Als Marineoffizier wird sein Leben 26 Jahre später tragisch enden. Am 22. September 1897 ertrinkt er mit sieben Männern der Besatzung beim Untergang seines Torpedobootes in der Elbmündung vor Cuxhaven.

Wenige Tage nach der Taufe gibt es wieder einen Anlass zum Feiern. Am 22. Mai verlobt sich die älteste Tochter des Großherzogs, Herzogin Marie, mit dem regierenden Fürsten Georg Albert von Schwarzburg-Rudolstadt. Gerade sind die Schweriner dabei, ihre Häuser festlich zu schmücken, da fährt das hohe Brautpaar schon durch die Straßen der Stadt, um sich zu zeigen. Noch ahnt niemand, dass die Verbindung nie zu Stande kommen wird. Georg Albert ist ein Schürzenjäger und geistigen Getränken sehr zugeneigt. Allgemein wird er auch Prinz von Arkadien genannt. 1874 wird die Verlobung wieder gelöst und Marie heiratet den Großfürsten Wladimir Alexandrowitsch. Sie wird nach der Oktoberrevolution eine der letzten aus der Zarenfamilie sein, die Russland verlässt. Bis zuletzt hoffte sie für ihren Sohn Kyrill auf den russischen Zarenthron.

Am 17. März 1871 treten die mecklenburgischen Truppen den Marsch in die Heimat an. Über 1000 Kilometer liegen vor ihnen. Kurze Tagesetappen bei fast ausnahmslos schönem Wetter sowie die Aussicht auf ein baldiges Wiedersehen mit den Angehörigen lassen eine ausgelassene Stimmung aufkommen. Nach je drei Marschtagen erfolgt ein Ruhetag. Am 2. April wird der Rückmarsch jäh gestoppt. In Paris ist der Aufstand der Kommune ausgebrochen, Anlass zur Beunruhigung für die deutsche Regierung. Sehnsüchtig warten die Soldaten in den Ardennen auf den Befehl zum Weitermarsch.

In der Heimat befasst man sich derweil mit dem Errichten patriotischer Kultstätten. Da Denkmäler noch nicht geschaffen sind, behilft man sich und pflanzt Friedensbäume. Trotz nasskaltem, regnerischem Wetter zieht es Hunderte Schweriner am Sonntag, dem 30. April, nach dem Gasthof „Zur Fähre". Sie kommen zu Fuß oder mit dem Wagen, viele auch mit den Dampfern „Paul" und „Pfeil", die ihre erste Ausfahrt machen. In der Mitte des Schlicht'schen Gartens wird unter den Klängen von Marschmusik eine Eiche gepflanzt. Kanonenschläge begleiten die Hochrufe, die auf Kaiser und Großherzog bei der feierlichen Handlung ausgebracht werden. Solche Friedensbäume werden im ganzen Land gepflanzt, einige lassen sich heute noch nachweisen.

Die Fähre bei Schwerin (Quelle: Ansichtskartensammlung des Autors)

Die bevorstehende Heimkehr der Truppen erfordert intensive Vorbereitungen. Das führt auch zu Konflikten. Zum Stellen von Quartieren sind nur Hausbesitzer verpflichtet. Doch während arme Handwerker oft nicht wissen, wo sie Betten und Beköstigung hernehmen sollen, werden wohlhabende Mieter nicht in die Pflicht genommen. Eingefordert wird auch die Beteiligung der gesamten Bevölkerung, doch die Hauptlast tragen die Schweriner, die das ganze mecklenburgische Kontingent empfangen. Größere Truppeneinzüge gibt es danach nur in den Garnisonsstädten Rostock, Wismar, Parchim und Ludwigslust. Die eingeworbenen Spenden fließen anfangs nur spärlich.

„Schämt euch, ihr reichen Bauern auf den fetten Hufen und ihr wohlhabenden Bürger in den übrigen Städten des Landes", macht ein empörter Patriot seinem Unmut in der Presse Luft. Durch gemeinsame Anstrengungen gelingt es schließlich aber doch, die Einzugsfeierlichkeiten würdig zu gestalten.

Um die Kräfte zu bündeln, wird in Schwerin ein Festkomitee gegründet. Namhafte Bürger wie Hofbaumeister Demmler oder Gartendirektor Klett organisieren sich, um Aufgaben zu verteilen und verfügbare Gelder den einzelnen Projekten zuzuweisen. Anfang Juni befinden sich die Mecklenburger wieder auf deutschem Boden. Ab Mainz wird die Eisenbahn be-

Berliner Tor (Quelle: Ansichtskartensammlung von Andreas Bendlin)

nutzt. In der Heimat angekommen, belegen sie Quartiere rund um Schwerin. Am Einzugstag werden die Truppen auf dem Exerzierplatz am Haselholz zusammengezogen. 35 Wagen mit Semmeln, Käse, Schnaps und Bier werden ihnen zur Stärkung entgegengesandt. Wenig später erreichen sie Schwerin.

Am Berliner Tor empfangen die Honoratioren der Stadt die Heimkehrer. Kulisse bildet eine kolossale Ehrenpforte, Hofdekorationsmaler Hermann Willbrandt hat sie aufwändig mit Wappen und Emblemen dekoriert. Der Großherzog wird vom Bürgermeister Pohle mit einer Ansprache begrüßt. Auch an das folgende Gardebataillon will Pohle freundliche Worte richten, aber die Marschkolonne hält nicht an und marschiert stramm am Bürgermeister vorbei. Auf Umwegen geht es durch die ganze Stadt zum Alten Garten.

Alter Garten (Quelle: Ansichtskartensammlung des Autors)

Jubelnde Menschen säumen die Straßen. Entlang des Weges sind Triumphbögen errichtet, geschmückt mit Girlanden und patriotischen, meist inhaltsarmen Sinnsprüchen. Es gibt auch tiefgründige, Heiterkeit erweckende Installationen. In der Salzstraße hängt ein großer Luftballon, auf der Vorderseite der Gondel steht zu lesen, „Napoleon, dat hest du davon, wo ist nun unsre grande Nation?“ In der Gondel sitzt eine Puppe, die Leon Gambetta darstellt. Gambetta wurde nach der Abdankung Napoleons III. französischer Innenminister. Während der Belagerung von Paris verließ er die Stadt in einem Ballon, um in unbesetzten Landesteilen den Widerstand zu organisieren. Auch Hofmaler Schloepke hat ein Transparent gestaltet. Anfreunden kann sich damit nicht jeder. Manchem friedliebenden Bürger gehen die siegestrunkenen Karikaturen einfach zu weit.

Einzug in Schwerin 1871.

Einzug in Schwerin 1871 (Quelle: Dr. Wilhelm Jesse, Schwerin 1920, Bd. 2)

Auf dem Alten Garten erfolgt die Auflösung der Verbände und die Menge ergießt sich in die Stadt. Alle Gasthäuser sind überfüllt. Noch nie hat Schwerin so viele Menschen innerhalb seiner Mauern gesehen. Am Abend sind die Straßen hell erleuchtet. Vor dem Gymnasium wird ein Feuerwerk abgebrannt. Auf schwimmenden Bühnen auf dem Pfaffenteich konzertieren Männergesangsvereine. Sogar vor dem Säulengebäude am Markt spielt eine Musikkapelle. Der nächste Tag verläuft ruhiger. Veranstaltungen werden nur noch mäßig besucht und so klingen die Feierlichkeiten zum Abend des 15. Juni langsam aus. Auch im großherzoglichen Schloss kehrt wieder Normalität ein.

Säulengebäude auf dem Markt (Quelle: Ansichtskartensammlung von Andreas Bendlin)

Ein Feldherr, der keiner ist

Der Chef vom Ganzen, Friedrich Franz II., hat sein Ziel erreicht. Wie viele seiner Standesgenossen versucht er, militärisches Prestige zu erwerben. Die deutschen Einigungskriege sind ihm da gerade recht gekommen. Der Krieg gegen Österreich 1866 bot ihm kaum Möglichkeit, sich auszuzeichnen. Vier Jahre später droht ihm ein ähnliches Schicksal. Während die deutschen Armeen siegreich in Frankreich vordringen, ist er anfangs zum Küstenschutz an Nord- und Ostsee verdammt. Seine engen familiären Beziehungen zum preußischen Königshaus nutzt er, um ein Kommando als kommandierender General in Feindesland zu erhalten. Dabei überschätzt er seine militärischen Fähigkeiten. Eingeweihte wissen das. Er sei kein Feldherr, habe keine Energie, wird hinter vorgehaltener Hand geflüstert. Strategisch nicht nachvollziehbare Truppenverschiebungen bringen ihm den Namen „Der große Hin und Herzog" ein. Bronsart von Schellendorf, späterer Kriegsminister, meint, die Kreuz- und Querzüge des Großherzogs, grafisch dargestellt, müssten aussehen, als wenn der Blitz sich dreimal selbst totgeschlagen hat. Als man im Großen Hauptquartier seine wunderlichen Operationsschnörkel überhaupt nicht mehr versteht, werden ihm preußische Generalstabsoffiziere als Aufpasser beigegeben. Bei Helmut von Moltke, dem Chef des Großen Generalstabes, ist er bald total in Misskredit geraten. Man bemüht sich, den Großherzog auf gute Manier zu beseitigen, das hat aber seine Schwierigkeiten, immerhin ist er der Neffe des Königs von Preußen. Mangelndes Engagement aber kann man Friedrich Franz nicht vorwerfen. Fedor von Rauch, Königlich Preußischer Oberstallmeister, stellt später fest: „Noch nie habe ich ein solches Altwerden an einem Menschen bemerkt, als an dem Großherzog von Mecklenburg Schwerin". Am Ende des Krieges ist er mental und körperlich erschöpft. Alles Irdische endet einmal, und ein Fürstenleben auch. Als Friedrich Franz 1883 stirbt, gilt er als großer Feldherr. In weiten Teilen der Bevölkerung herrscht aufrichtige Trauer. Verwandte aus ganz Europa reisen an, oder stellvertretend deren Abgesandte. Sein Onkel, Kaiser Wilhelm, trifft als Erster ein, um der Mutter des Verstorbenen sein Beileid auszusprechen. Bei seiner Ankunft säumen Tausende Schaulustige die Straßen. Im Verlauf der Woche erhält das Volk Gelegenheit zum Kondolieren. Mittwochnacht wird die sezierte und einbalsamierte Leiche vom Sterbezimmer in die Schlosskirche überführt.

Die Beisetzungsfeierlichkeiten werden am Sonnabendnachmittag stattfinden. Schon am Freitag beginnt der Zustrom der Trauergäste. Die mit

Extrazügen, Pferd und Wagen oder zu Fuß Anreisenden überfüllen alle Hotels und Privatquartiere der Stadt. Sonnabendmorgen: Alle Fenster in der Schlossstraße und der Königsstraße werden besetzt, Wagemutige drängen sich auf die Dächer der Häuser. An den Hauswänden hat man aus Stühlen und Tischen, Bänken, Kästen und anderem Mobiliar Podeste errichtet, die bis zum ersten Stockwerk reichen. Die Straßen sind mit Sand bestreut und Tannenzweige darauf geworfen, um die Huftritte der Pferde und das Geräusch der Schritte zu dämpfen. Der Tag verläuft nicht ohne Störungen und beginnt schon früh mit einem Unfall. Großfürst Wladimir will seinen Vetter, den Kronprinzen des Deutschen Reiches, vom Bahnhof abholen. Auf dem Alten Garten widerfährt ihm das Missgeschick, dass sein Stangenpferd auf eine herumliegende Schaufel tritt und sich den Stiel in die Brust rammt. Das Tier überlebt die nächsten Stunden nicht.

Die Königsstraße (Quelle: Ansichtskartensammlung des Autors)

Nachdem sich der Trauerzug formiert hat, durchzieht er die Schlossstraße und biegt in die Königsstraße ein. Einem dem Leichenzug voraus reitenden Dragoner scheut in der Königsstraße das Pferd. Bei dem darauffolgenden Gedränge werden einigen Ladenbesitzern die Schaufensterscheiben eingedrückt. Man mag sich den Tumult vorstellen, nervöse, aufgeregte Pferde, berstende Scheiben inmitten des geisterhaft lautlos dahin ziehenden Zuges in der engen Straße. Unter dem Grollen der im Schlossgarten aufgestellten, im Minutentakt feuernden Geschütze, erreicht der Zug den Dom. Der Sarg wird von den einberufenen Landständen vom Leichenwagen gehoben und zum Altar geleitet. Nach Absingen einer von Alois Schmitt komponierten Trauerkantate wird der Sarg wieder aufgenommen, zur Begräbnisstätte getragen und unter dem Salut von 101 Kanonenschüssen beigesetzt.

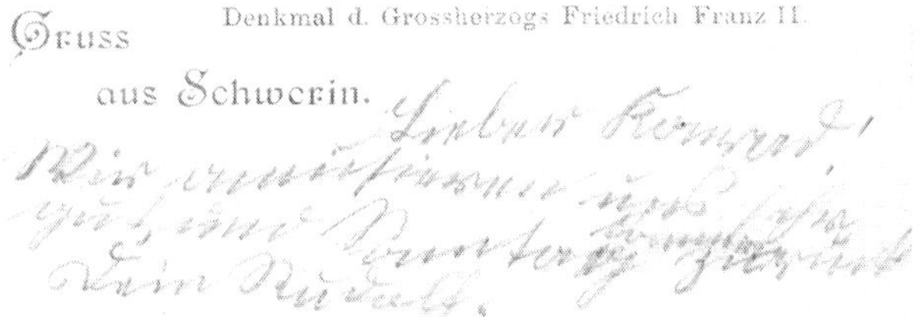

Denkmal für Friedrich Franz II. (Quelle: Ansichtskartensammlung des Autors)

Einige Jahre später erinnert an Friedrich Franz II. das monumentale, 1893 in Gegenwart Kaiser Wilhelms II. enthüllte Reiterstandbild im Schlossgarten. Mit der Ausführung war der Bildhauer Ludwig Brunow beauftragt worden. Erste Modelle und Entwürfe hatte er bereits 1884 vorgestellt.

Die Idee dazu ging allerdings von dem Maler Carl Suhrlandt aus. Suhrlandt studierte Bildhauerei bei Christian Daniel Rauch in Berlin, bevor er nach Paris ging, um Malerei zu studieren. Als er später in Schwerin tätig war, besuchte Friedrich Franz II. den 1874 zum Professor ernannten Suhrlandt in dessen Atelier, um Modell für verschiedene Gemälde zu sitzen. Seinem alten Hang zur Bildhauerei folgend, begann Suhrlandt nach speziellen Angaben des Großherzogs, das Modell eines Reiterstandbildes zu fertigen. Dem Entwurf lag die Auffassung zugrunde, „den Großherzog in der hervorragendsten seiner Eigenschaften, als Feldherr hoch zu Ross," darzustellen. Ludwig Brunow greift die Idee auf und schafft mit seinem Denkmal ein schönes Beispiel der Geschichtsfälschung.

Aber der eigentliche Vater des Sieges, Generalfeldmarschall Helmut von Moltke, wird fairerweise auch geehrt. In seiner Geburtsstadt Parchim wird ihm noch zu Lebzeiten ein Denkmal errichtet, und in Schwerin wird ein Platz nach ihm benannt. Einmal ist er sogar zu Gast in der Stadt. Im Mai 1880 besucht er seine Nichte, Gemahlin des Staatsrats Bodo von Bülow. In einer fürstlichen Equipage wird er vom Bahnhof abgeholt und nach der Wohnung seiner Verwandten in die Königsstraße gefahren. Die ganze Strecke ist mit Schaulustigen gesäumt. Moltke ist der militärische Superstar seiner Zeit und als solchen kann auch Friedrich Franz ihn nicht ignorieren und lädt ihn zu sich zur Tafel. Abends wird ihm zu Ehren von den Mitgliedern der Kriegervereine, der beiden Feuerwehren und von zahlreichen Schülern ein Fackelzug veranstaltet, am nächsten Morgen ist er schon wieder auf der Rückreise nach Berlin.

Nach dem Tod von Friedrich Franz II. soll eigentlich sein ältester Sohn die Regierung übernehmen. Der hält sich aber wegen seiner Herzschwäche oder wegen seines Asthmas gerade mal wieder im Ausland auf. Da ihn seine gesundheitlichen Probleme sein ganzes Leben lang von den Regierungsgeschäften fernhalten, bleibt sein Wirken weitgehend bedeutungslos.

Ganz anders dagegen entwickelt sich der politische Einfluss zwei seiner Brüder. Aktiv engagieren sie sich in der Deutschen Kolonialpolitik. Adolf Friedrich, drittes Kind von Friedrich Franz II. mit seiner dritten Gemahlin Marie, wird 1912 der letzte Gouverneur der deutschen Kolonie Togo.

Togo gilt als Musterkolonie des Deutschen Reiches. Aber einige Verbesserungen im Gesundheitswesen und die Abschaffung der Haussklaverei können nicht darüber hinwegtäuschen, dass auch hier die Menschenrechte missachtet werden. Auch Johann Albrecht, das fünfte Kind des Großherzogs, interessiert sich lebhaft für Afrika. Nach dem Tod seines Bruders, Friedrich Franz III., muss er die Regierungsgeschäfte in Schwerin übernehmen, da der rechtmäßige Thronerbe, sein Neffe, noch nicht volljährig ist. 1895 wird er Präsident der Deutschen Kolonialgesellschaft. Nach dem Ausbruch der Kolonialkriege in Deutsch-Südwest und Deutsch-Ostafrika ist er bemüht, Zweifel an der Moralischen Integrität der Kolonialtruppen nicht aufkommen zu lassen. Für seine propagandistischen Zwecke kommt ihm dabei eine inzwischen nach Schwerin übergesiedelte adlige Schriftstellerin gerade wie gerufen.

Gespaltenes Verhältnis der Schweriner zur deutschen Kolonialpolitik

Adda von Liliencron ist eine erfolgreiche Schriftstellerin, aus Leidenschaft und sicher auch aus Mangel an irgendwelcher ernsthaften Beschäftigung in ihrem Leben. Erwerbsarbeit ist meist dem männlichen Geschlecht vorbehalten. Lukrative Offiziersstellen beansprucht der Adel für sich, und diese Kreise sind geprägt von konservativ patriarchalischen Vorstellungen. Den Ehefrauen, Müttern und Töchtern von Offizieren bleibt nur ein bescheidener Wirkungskreis vorbehalten, berufliche Verpflichtungen kennen sie nicht und häusliche Arbeiten werden meistens von Bediensteten verrichtet. Viele dieser Frauen greifen zur Feder, beginnen zu dichten oder versuchen sich in Prosa. Einige dieser literarisch ambitionierten Damen verschlägt es im Laufe ihres Lebens nach Schwerin, neben anderen Henriette von Bünau, Natalie von Knobelsdorff-Brenkenhoff, Elisabeth von Igel oder auch Adda von Liliencron. Geboren wurde Adda von Liliencron am 28. Juli 1844 in Berlin Charlottenburg, ihr Vater, der spätere General der Infanterie Karl von Wrangel, diente als Leutnant in der preußischen Armee. Aufgewachsen in den wechselnden Garnisonen des Vaters, heiratete sie am 29. Juli 1864 den Leutnant Karl von Liliencron. Ein Jahr später wurde ihre einzige Tochter geboren und auf den Namen der Mutter getauft. Karl von Liliencron musste nach den Strapazen der Kriege gegen Österreich und Frankreich seinen Abschied nehmen und kaufte das Gut Sproitz bei Görlitz, wohin die Familie 1874 übersiedelte. In Sproitz beginnt Adda von Liliencron zu schreiben. Historische Romane, Erzählungen, Gedichte und kleine Theaterstücke entstehen, „Kaiser Wilhelm der Große“, eine Jubiläumsgabe zur Feier des 100-jährigen Geburtstages des Monarchen, erreicht in wenigen Wochen eine Auflage von über 500 000 Exemplaren. Als Karl von Liliencron 1901 stirbt, hat das Ehepaar Gut Sproitz längst verkauft und Adda von Liliencron wohnt bei ihrer mit einem Grafen Kirchbach verheirateten Tochter in Danzig. Als Kirchbach 1903 Kommandeur der 17. Division wird, zieht die Familie nach Schwerin. In Danzig hatte sich die Baronin in der Armenpflege engagiert, in Schwerin sucht sie nach einem neuen Wirkungskreis. Als 1904 der Aufstand der Herero und wenig später der Nama, unter ihrem Führer Hendrik Witbooi, in Deutsch-Südwestafrika losbricht, engagiert sie sich zugunsten der Angehörigen der Schutztruppen in Afrika und organisiert eine Wohltätigkeitsveranstaltung mit Theateraufführungen im Konzerthaus Flora.

Konzerthaus Flora auf dem Marienplatz
(Quelle: Ansichtskartensammlung von Andreas Bendlin)

Die Veranstaltung, die auch von Großherzogin Marie besucht wird, ist ein großer Erfolg und muss wiederholt werden. Neben Einnahmen aus Veranstaltungen und Geldspenden sind Liebesgaben ein Hauptbestandteil der Hilfe für die Soldaten. Mit der Vorsitzenden des Vereins für Krankenpflege in den Kolonien, Gräfin von Bassewitz-Levetzow, ruft Adda von Liliencron in der Zeitung zu Spenden auf. Strümpfe, Konserven, Schokolade, Kakao, Tabak und Zigarren, auch Schlafdecken und Unterzeug, sind willkommen. Wer keine Pakete abschicken kann oder will, darf Sachspenden bei der Gräfin Bassewitz in der Münzstraße oder bei der Baronin Liliencron zu Hause abgeben.

Beide Damen bieten auch an, gegen Barzahlung die Sachen anzuschaffen. Feldpostpakete werden zusammengestellt und an jeden mecklenburgischen Soldaten nach Afrika versandt. Pakete mit Weihnachtsgeschenken werden bereits im Sommer verschickt, kommen aber oft erst nach einem Jahr beim Adressaten an. Geldspenden kommen aus allen Teilen der Bevölkerung.

Auch der in Schwerin ansässige Plattdütsch Klöndisch beteiligt sich. „Wo`s all gäben, will die Plattdütsch Klöndisch ok nich trügstahn. Hei hett für uns Landslüd in Südwest Afrika ob`n ganz nette Bigaf ut sin

Strafbüß taun echte, fröhliche Wihnachtsfier stift un hofft, dat uns braven Jungens die Moot gegen die swarten Hereros un Witboislüd nich sinkt. Die gnädige Frau von Liliencron sind säben un dortig Mark un fief un föfdig Penning einhändigt un mit groten Dank annahm wor`n."

In den Zeitungen werden Dankschreiben von Offizieren und Soldaten abgedruckt. Die Männer beschreiben ihre Lebensumstände in Afrika und schildern Kampfhandlungen. Oft äußern sie Wünsche nach Dingen, die besonders praktisch und begehrt sind. Manchmal spricht sich die Sorge aus, wieder heimgekehrt eine Arbeitsstelle zu finden. Auch dafür sorgt man in der Heimat. Die Großherzogliche Eisenbahndirektion in Schwerin erklärt sich bereit, heimgekehrte Afrikakämpfer einzustellen. Viele dieser Dankschreiben lässt Adda von Liliencron in ihr 1907 erschienenes Buch „Reiterbriefe aus Südwest" einfließen.

Außer aus der Tagespresse gibt es nur wenige Möglichkeiten, sich über das Leben in den Kolonien zu informieren. 1905 werden im Großherzoglichen Museum Hörner afrikanischer Wildtiere, Waffen und Hausgerät der Eingeborenen ausgestellt. Auf dem kleinen Exerzierplatz hinter dem Totendamm wird eine westafrikanische Togo-Negerfamilie zur Schau gestellt. Die Familie besteht aus zwei Kindern und vier Erwachsenen, darunter die 19-jährige hellhäutige Amanua, das Mädchen leidet unter Albi-

Hotel de Paris (Quelle: Ansichtskartensammlung von Andreas Bendlin)

nismus. Für den Fall einer Visite bei der fremdländischen Familie wird in der Presse beruhigend bemerkt, dass „die Gäste nicht Feuer fressen oder mit den Ketten rasseln, sondern sich in ruhiger und friedlicher Weise einfach nur anschauen lassen“.

Regelmäßige Herrenabende, auch Damen sind zugelassen, veranstaltet die deutsche Kolonialgesellschaft, Abteilung Schwerin, im Hotel de Paris oder im Christlichen Vereinshaus in der Apothekerstraße. Gastredner werden zu Vorträgen eingeladen.

Am 16. November1905 kommt Berthold von Deimling in das bis auf den letzten Platz gefüllte Vereinshaus in der Apothekerstraße. Deimling war Oberst und Kommandeur des zweiten Feldregiments in Südwestafrika gewesen, im Ersten Weltkrieg wird er sich als Schlächter von Ypern einen Namen machen. Deimling hält einen zweistündigen Vortrag über die Kämpfe in Afrika. Gegenüber den Eingeborenen hat er sich durch besondere Härte ausgezeichnet und ist dafür vom Kaiser in den erblichen Adelsstand erhoben worden. Friedrich Franz IV. empfängt ihn zur Audienz und verleiht ihm das mecklenburgische Militärverdienstkreuz 2. Klasse. Am Morgen vor seiner Abreise wird dem im Hause Kirchbach/Liliencron in der Alexandrinenstraße Abgestiegenen durch das Hoboistenkorps des Grenadierregiments 89 ein Ständchen gebracht. Unteroffiziere

Alexandrinenstraße (Quelle: Ansichtskartensammlung des Autors)

des Artillerieregiments singen Kriegslieder, gedichtet hat sie Adda von Liliencron.

Die Schweriner Bevölkerung steht dem Auftreten ihrer Landsleute in den Kolonien keineswegs kritiklos gegenüber. Übergriffe auf die Eingeborenen werden in der Presse diskutiert und auch zum Wahlkampfthema gemacht. Als 1907 der Krieg in Südwestafrika zu Ende geht, ist die Hälfte der einheimischen Bevölkerung ausgerottet, zahllose Dörfer und Behausungen sind zerstört. Auch der Aufenthalt der Freifrau von Liliencron in Schwerin neigt sich dem Ende entgegen. Im Herbst wird Graf Kirchbach als kommandierender General nach Posen versetzt und die Baronin zieht mit den Kindern mit. Sie tritt dem im selben Jahr in Berlin gegründeten Deutschen Kolonialen Frauenbund bei und wird zur ersten Vorsitzenden gewählt. Sechs Jahre später, 1913, dem letzten Jahr vor dem Ersten Weltkrieg, stirbt sie. Vermutlich hätte sie keine Kosten und Mühe gespart, Verwundeten und deren Angehörigen zu helfen, wenn sie den Krieg noch erlebt hätte. Kriegsschuld und Verletzung des Völkerrechts im eigenen Vaterland zu suchen, wäre ihr nie in den Sinn gekommen. Genau wie bei ihrer schriftstellerischen Verherrlichung der Kolonialkriege hätte sie sich auch an einer Glorifizierung des Weltkrieges beteiligt.

So wie sie es auch schon in den Einheitskriegen getan hatte. Deren Andenken wird bis in die Zeit des Weltkrieges wachgehalten. Am populärsten ist die Sedanfeier, benannt nach einer der bedeutendsten Schlachten im Deutsch-Französischen Krieg 1870. Diese findet in Schwerin wie in anderen Orten des deutschen Kaiserreichs alle Jahre wieder um den 2. September herum statt. Die Vorbereitungen dafür dauern Wochen. Für Pressearbeit, für Finanzen und für den Festumzug werden Kommissionen gebildet. Ein Platzkomitee ist für den Festplatz im Schlossgarten verantwortlich und ein weiteres für die Jugendspiele, die nach dem Festumzug nie fehlen dürfen, genauso wie Bierzelte, Tanzbühnen, Karussells, Spiel- und Schaubuden. Im Nachhinein betrachtet glaubt man sich auf einen der Schweriner Jahrmärkte versetzt, wo es oft ganz ähnlich zugeht.

Markttreiben

Zwei Jahrmärkte, die auch für die Gewerbetreibenden in der Stadt bedeutend sind, verteilen sich über das ganze Stadtgebiet. Der Vieh- und Pferdemarkt wird in den 1880er Jahren traditionell am Ostorfer See an der Bleicherstraße durchgeführt. Allen Kleinhändlern werden in der Stadt Plätze angewiesen. Und das geschieht mit einer gewissen Ordnung. Die Böttcher und Töpfer nehmen auf dem Schelfmarkt Aufstellung. Auf dem Schweinemarkt wird meist ein Karussell errichtet, in der Alexandrinenstraße werden auswärtige Schuhmacher bis hin zum Großherzoglichen Amt platziert, danach folgen Seiler, Hut- und Mützenmacher, Messerschmiede und Drechsler. Auf der gegenüberliegenden Seite in der Marienstraße sind Buden mit Glas- und Porzellansachen, Blechwaren und Korbmacherarbeiten aufgestellt.

Marienstraße (Quelle: Ansichtskartensammlung von Andreas Bendlin)

Außerordentlich gut besucht ist immer der Schweriner Gallenmarkt, oder einfach Herbstmarkt, im Oktober. Besonders die ländliche Bevölkerung findet sich zahlreich ein. Die Landarbeiter haben gerade ihr Jahresgehalt bekommen und decken sich mit Stiefeln und passender Winterkleidung ein. Neben Schuhen, Hüten, warmen Mützen und wollenen Sachen sind auch Pfeifen, Böttcherwaren und als ganz besondere Leckerei Honigkuchen in Verbindung mit Poeler Spick-Aal gefragt. Straßentheater und Karussells dürfen auch hier nicht fehlen. Und nicht selten haben die Händler, gerade jetzt im Oktober, mit den Tücken der Witterung zu kämpfen. Ein trauriges Bild bietet der Jahrmarktsplatz auf der Neustadt am Morgen des 21. Oktober 1880. Fast sämtliche Buden sind in der Nacht von einem orkanartigen Sturm umgeworfen und an die nächsten Häuser geschleudert worden. Anstatt ihre Waren auszupacken, müssen die Händler erst einmal ihre Stände wieder herrichten.

Schelfmarkt (Quelle: Ansichtskartensammlung von Andreas Bendlin)

Ganz anders sind die Verhältnisse auf dem Johannismarkt im Juli. Jetzt ist das Wetter zwar meist sommerlich schön, aber die Landbevölkerung ist schon mit der Raps- oder Rübenernte beschäftigt und scheidet als Kundschaft aus. Und solch eine Sommerflaute scheint bei einigen Händlern oder Handwerkern, die ihre Waren selbst verkaufen, ganz schön an den Nerven zu zerren. Als an einem Junimorgen 1883 die Töpfer auf dem Schelfmarkt ihre Tonwaren ausbreiten wollen, kommt es zwischen den Ehefrauen zu Unstimmigkeiten wegen der Platzverteilung. Die zur Hilfe gerufenen Ehemänner geraten sich auch sofort in die Haare und der Streit artet in eine blutige Schlägerei aus. Um dem eigenen Standpunkt Nachdruck zu verleihen, wird mit den eigentlich für den Verkauf bestimmten

Tonwaren ein wahres Bombardement auf den uneinsichtigen Gegner eröffnet. Auch im Nahkampf wird die kostbare Handelsware zweckentfremdet eingesetzt. Einem der Händler wird mit einem Geschirr so heftig auf den Kopf geschlagen, dass er blutüberströmt zusammenbricht.

Auch kleine Betrügereien gegenüber den Kunden sind nicht selten. Nur allzu gerne wird am Gewicht der Ware etwas eingespart, trotz der regelmäßigen Kontrollen durch die Polizei. Und natürlich fliegt auch immer mal wieder einer auf. Die ganze Ware zu verfälschen, ist da schon dreister. Die Preise der notwendigsten Lebensmittel steigen in den ersten 1870er Jahren ganz erheblich an und es fällt einer Schweriner Hausfrau schon schwer, für 1 Pfund Butter 1 Mark und 60 Pfennige zu zahlen. Umso schlimmer, wenn ihr statt der Butter geriebene Kartoffeln untergejubelt werden. Als eine der Geprellten den Betrug zu Hause bemerkt, erstattet sie sofort Anzeige. Die Betrügerin kann noch auf dem Marktplatz festgenommen und ihr gesamter Vorrat an mit Kartoffeln durchsetzter Butter beschlagnahmt werden.

Nicht zu unterschätzen ist auch die Gefahr, einem Taschendieb zum Opfer zu fallen. Irgendwelche Ganoven treiben sich immer an den Markttagen in der Stadt umher. Und dem wachsamen Auge der Polizei entgeht da so manches. Kaum verwunderlich bei den großen Menschenansammlungen. Gerade an den Markttagen im Herbst herrscht ein solches Gedränge, dass man sich oft längere Zeit nicht von der Stelle zu bewegen vermag. Die jungen Burschen, die aus den Dörfern in die Stadt gekommen sind, nutzen jede Gelegenheit, eine der Deerns auf eine der Tanzflächen zu locken. Ihre Portemonnaies sind gut gefüllt. Manch einem leeren sich die Taschen allerdings in bedenklich schneller Weise. Und das nicht nur, weil er gegen seine weibliche Begleitung höchst spendabel ist.

Diese Diebereien kommen natürlich auch an den ganz gewöhnlichen Markttagen, an denen sich die Einwohner mit den Waren des täglichen Bedarfs eindecken, vor. Und so wird so manches schwatzhafte Dienstmädchen, das für Besorgungen zum Markt geschickt wurde und die gewonnene kurze Freiheit nutzt, um sich mit seinesgleichen auszutauschen, nicht umhin kommen, seiner Dienstherrschaft den Verlust der Börse zu beichten.

Der Markt (Quelle: Ansichtskartensammlung des Autors)

Aber auch mit den ganz großen, spektakulären Diebstählen weiß die Stadt aufzuwarten. Wer von den Älteren erinnert sich nicht an den legendären Überfall auf den Postzug der Britischen Royal Mail 1963 in England? Die Beute betrug nach heutigem Wert etwa 45 Millionen Euro. 1966 verfilmt unter dem Titel „Die Gentleman bitten zur Kasse" wurde der Dreiteiler zum Straßenfeger, dort wo er empfangen werden konnte. Auch Schwerin hat seinen Postraub, nicht so spektakulär, aber immerhin hatte die Beute eine Kaufkraft von beinahe 1 Millionen Euro.

Alte Post von 1846-1849, Stahlstich von Poppel und Kurz (Quelle: Verlag Berendson, Hamburg)

Tatort ist der 1846-1849 entstandene Vorgängerbau des Hauptpostamtes in der Mecklenburgstraße. In den frühen Morgenstunden des 30. Juni 1880 machen die Beamten des Kaiserlichen Postamtes eine beunruhigende Entdeckung. In einem der Dienstzimmer, in denen Geld und Wertsachen aufbewahrt werden, ist ein Schrank aufgebrochen worden. Ein Fach mit Geldbriefen ist leergeräumt, ein weiteres unversehrt. Auch das im Schrank lagernde Gold blieb unberührt. Sofort wird eine Großfahndung eingeleitet. Bei den Beamten, die Nachtschicht hatten, werden Hausdurchsuchungen durchgeführt, zwei Unterbeamte werden inhaftiert und bei den aus Schwerin um 8 und 9 Uhr abgehenden Zügen wird bei sämtlichen Reisenden das Gepäck durchsucht. Staatsanwalt und Kriminalpolizei nehmen die Ermittlungen auf.

Aus Berlin wird Kriminalkommissar Hoest zur Unterstützung herbeigerufen, eine Kapazität in seinem Fach. Hoest, 46 Jahre alt, stammt aus Westpreußen und hat schon eine Reihe von Dienststellungen bei verschiedenen Staatsanwaltschaften durchlaufen. 1876 übernimmt er die vierte Abteilung des Kriminalkommissariats in Berlin. 1879 gelingt ihm die spektakuläre Festnahme des Mörders Hellriegel in Büßstedt bei Erfurt, der daraufhin zum Tode verurteilt wird. Schnell wird allen klar, der Täter muss sich ausgekannt haben.

Schon bald fällt der Verdacht auf den früheren Postschaffner Schuldt. Derselbe ist 35 Jahre alt, hat sich während seiner Dienstzeit im Dragonerregiment 18 in Parchim musterhaft geführt, in den Feldzügen gegen Österreich und Frankreich gekämpft und in Frankreich das Eiserne Kreuz erworben. Nach beendeter Dienstzeit trat Schuldt als Postschaffner in Rostock ein und wurde 1879 an das Schweriner Postamt versetzt. Wegen Unterschlagung ist er hier zu einer achtmonatigen Gefängnisstrafe verurteilt worden. Diese Strafe soll Schuldt am Tag nach dem Postraub antreten.

Seit seiner Entlassung aus dem Postdienst arbeitet er auf der Baustelle des Museumsneubaus. Schon am Nachmittag des 29. Juni soll er sich vor dem Postgebäude herumgetrieben haben. Am nächsten Morgen wird er von der Arbeit weg verhaftet, leugnet aber hartnäckig die Tat. Kommissar Hoest lässt dessen Frau observieren und mithilfe des Postinspektors Pichon werden erste Befragungen durchgeführt. Auch die Verwandten der Schuldts werden verhört. Am Sonnabend, dem 10. Juli, begeben sich Kommissar und Postinspektor zu der Frau des Angeklagten. Nach zweistündiger Vernehmung gesteht sie, am 30. Juni morgens etwa 100 000 Mark erhalten und diese in eine Schürze gewickelt im Schlossgarten vergraben zu haben. Das Geld wird nach kurzer Suche unter einer wenig erhöhten Rasenstelle in der Nähe der Schlossbleiche gefunden. Nur einige Hundert Mark fehlen. Aus Rücksicht auf die Kinder bleibt die Geständige vorerst auf freiem Fuß.

Wenige Tage später gesteht auch Schuldt, den Raub begangen zu haben. In seine Zelle zurückgebracht, werden ihm für die Nacht zwei Wärter beigegeben. Man befürchtet eine Verzweiflungstat.

Kreuzgang am Dom (Quelle: Ansichtskartensammlung von Andreas Bendlin)

Unter Vorsitz des Landgerichtsrats von Monroy kommt es am 7. August 1880 in Schwerin zur Verhandlung. Schuldt gesteht ausführlich den Tathergang. Von seiner Arbeitsstelle am Museum begibt er sich gegen 10 Uhr abends nach dem Kreuzgang am Dom. Hier das Postgebäude überblickend, wartet er den Abgang der Gadebuscher Post ab, schleicht sich in die Passagierstube und lässt sich einschließen. Nachdem in der Nacht gegen 1 Uhr 30 die letzten Beamten das Gebäude verlassen haben, schafft es Schuldt, durch ein aufgehebeltes Fenster in den Korridor zu gelangen. Mit den Örtlichkeiten vertraut, findet er mühelos den Raum, in dem Geld und Wertgegenstände aufbewahrt werden. Der Büroschlüssel hängt neben der Tür. Die hölzernen Schränke im Raum sind auch kein Hindernis. Mit dem Messer lassen sie sich leicht aufbrechen. Er nimmt Geld und Wertbriefe und flieht durch ein zur Kaiser- Wilhelm-Straße hinausführendes Fenster. Weiter durch die Schloßstraße gelangt Schuldt in den Schlossgarten. Hier sichtet er seine Beute. Das Geld steckt er unter seine Mütze, mit den Wertpapieren macht er sich auf zum Ostorfer See, zerreißt sie und wirft sie ins Schilf. Danach begibt sich Schuldt auf den Nachhauseweg.

Zu Hause in der Waisenstraße 7 angekommen, entnimmt er dem Geldbündel 120 Mark zur Bestreitung der Miete während seiner anzutretenden Haft, er war ja wegen Unterschlagung verurteilt worden, und wirft diese seiner Frau auf das Bett mit den Worten „Jetzt habe ich meine Rache

Ostorfer Ufer (Quelle: Ansichtskartensammlung des Autors)

gestillt." Bald darauf geht er wieder an seine Arbeit am Museum, wo er morgens gegen 9 Uhr verhaftet wird. Frau Schuldt bringt ihrem Mann noch den Morgenkaffee auf die Arbeit, um anschließend den größten Teil des Geldes in der Wilden Allee im Schlossgarten zu vergraben. Als die Beute später aufgefunden wird, fehlen von den geraubten 95 000 Mark 1 300 Mark. Auch von den Wertpapieren, die meisten davon zerrissen in den Ostorfer See geworfen, lassen sich solche im Wert von 850 Mark nicht wieder auffinden.

Schuldt war ein armer Kerl. Als Soldat hatte er sich 15 Jahre lang musterhaft geführt. Der Dienst bei der Post war eine Lebenschance, die er sich durch Veruntreuung zerstört hatte. Seine Rache für die darauf erfolgte Verurteilung sollte ihn in den Abgrund stürzen. So viel Geld zu erbeuten, lag gar nicht in seinem Sinn und wurde ihm zum Verhängnis. Er wurde zu acht Jahren Gefängnis und Aberkennung der bürgerlichen Ehrenrechte auf zehn Jahre verurteilt, seine Frau wanderte für ein Jahr hinter Schloss und Riegel. Der Leiter des Postamtes, Postdirektor Paegelow, wird wenig später nach Wismar versetzt. Ob der Wechsel mit dem Postraub zusammenhängt, bleibt Spekulation.

Einbruchdiebstähle diesen Ausmaßes bleiben eine Seltenheit in Schwerin. Vergleichbar hiermit ist aber ein Raub in der Münzstraße, der sich vier Jahre später ereignet. Um in der Dunkelheit sehen zu können, sind Menschen auf künstliche Lichtquellen angewiesen. Im Altertum behalf man sich mit Fackeln und Öllampen. Zu Beginn des 19. Jahrhunderts setzte sich Gas als Energieträger durch. Die Stadt Schwerin hinkte dem Fortschritt wie so oft lange hinterher. 1823 wurden die sehr dunklen Pfahllaternen durch moderne Hängelaternen mit Strahlenbrechern ersetzt. Aber auch diese wurden noch mit Öl, später mit Petroleum befeuert. Erst 1853 konnten die Stadtvertreter mit der Firma Lindemann einen Gasvertrag auf 35 Jahre abschließen.

Nach dem Bau einer Gasfabrik an der Wismarschen Straße und dem Verlegen der Rohrleitungen begann am 1. März die Beleuchtung der wichtigsten Straßen der Innenstadt mit Gas. Über die Qualität des Gases wird immer wieder geklagt. Und in kaum einer anderen Stadt in Deutschland sind die Gaspreise so hoch wie in Schwerin. Im Frühjahr 1884 wird im Magistrat über die Installation einer elektrischen Straßenbeleuchtung diskutiert. Es liegt ein Angebot der Edisonschen Gesellschaft aus Berlin vor, die Stadt mit Edison Glühlicht aus Siemens und Halskeschen Bogenlampen zu erleuchten.

Straußsches Restaurant in der Lützowstraße, heute Röntgenstraße (Quelle: Ansichtskartensammlung von Andreas Bendlin)

Die erste elektrische Beleuchtung in Schwerin können die Einwohner am Abend des 30. Juni 1884 in der Strauß'schen Restauration in der heutigen Röntgenstraße in Augenschein nehmen. Die Beleuchtung dient als Probelauf und beschränkt sich auf den Biergarten, der bis auf den letzten Platz gefüllt ist. Ab dem 5. Juli erstrahlt die gesamte Restauration im elektrischen Licht. Die Schweriner sind beeindruckt, das Angebot aus Berlin erscheint den Stadtvertretern lukrativ, wird aber aus finanziellen Gründen bei notorisch klammen Kassen vom Ministerium abgelehnt. Also bleibt in Schwerin erst einmal alles beim Alten und bei schlechter Straßenbeleuchtung vieles im Dunkeln.

Natürlich wird im Schutz der Dunkelheit allerhand Unfug getrieben. Mutwillige Sachbeschädigungen sind meist harmlos. Krawalle, angezettelt von randalierenden Betrunkenen, kommen häufig vor. Auch Einbrüche und Diebstähle haben nachts Hochkonjunktur. Verbrechen wie Raubüberfälle oder sogar Mord bilden aber die Ausnahme.

Schwerin am 22. März 1884: Die Stadt ist festlich geschmückt. Fahnen und Girlanden, wohin das Auge schaut. Der Geburtstag des deutschen Kaisers soll zelebriert werden. Schon morgens ziehen Musikkorps durch die Stadt, der Unterricht an den Schulen fällt aus. Gottesdienste werden abgehalten, die Artillerie feuert 101 Kanonenschüsse ab. Militärische Feiern finden nachmittags und abends in fast allen Lokalen der Stadt statt. Aber nicht alle Einwohner der Stadt haben das Bedürfnis, diesen Tag festlich zu begehen. Im Haus Münzstraße 1 wohnt der Buchbinder Karl Heinrich Ahrens. Er ist 45 Jahre alt und verheiratet. Wegen Diebstahl und Betteln ist er mehrfach vorbestraft. Dass sein Leben in bescheidenen Verhältnissen verläuft, damit mag er sich nicht abfinden. Eng beieinander wohnen Arm und Reich in der kleinen Residenzstadt, zu eng vielleicht. Denn das weckt Begehrlichkeiten. Schräg gegenüber, im Haus der Oberhofmeisterin von Gamm, wohnt Major von Heydweiller, Abteilungskommandeur im Großherzoglichen Feld-Artillerie-Regiment. Für den Major ist es geradezu Pflicht, an diesem Abend seinem Kaiser zu huldigen. Bereits am späten Nachmittag begibt er sich in die Stadt, um den militärischen Feierlichkeiten beizuwohnen. Auch sein Bursche Lange verlässt um sechs Uhr das Haus, nachdem er sich vergewissert hat, dass Türen und Fensterläden ordentlich verriegelt, aber auch die beiden Zugänge zum Schlafzimmer des Majors gesichert sind. Denn hier, dem vermeintlichen sichersten Ort im Haus, befindet sich das Objekt der Begierde, eine vorschriftsmäßige, mit Eisen beschlagene Kiste, in welcher die Kasse der ersten Abteilung des 24. Feldartillerieregiments aufbewahrt wird. Die Existenz der Kiste ist kein Geheimnis und ist auch Ahrens nicht verborgen geblieben. Durch seine Bekanntschaft mit Lange und dem im Hinterhaus wohnenden Diener der Frau von Gamm, Laß, ist er mit den Lokalitäten vertraut. Komplizen hat er sich auch besorgt, Schuster Otto Wenck und Zigarrenmacher Johann Winckel, beide ebenfalls vorbestraft, meinen sich die Gelegenheit nicht entgehen lassen zu dürfen. Dass sie verheiratet sind und minderjährige Kinder zu versorgen haben, hält sie von dem Gaunerstück nicht ab.

Ahrens observiert das Haus seit dem Nachmittag. Als die Luft rein ist, ruft er seine Kumpane heran. Abends 9 Uhr dringen Wenck und Winckel mit Hilfe alter Schlüssel in das Haus ein. Das Schloss der Schlafzimmertür widersteht ihren Bemühungen, mit einem Stemmeisen wird die Tür aufgebrochen. Die durchaus nicht leichte Regimentskasse schleppen sie über das Hinterhaus ins Freie. Ahrens, der in der Münzstraße Schmiere gestanden hat, stößt wieder zu ihnen. Das Gelände hinter der Münzstraße ist damals noch unbebaut. Hier befinden sich Gärten und Ackerflächen. Die wenigen Hundert Meter bis ans Wasser sind schnell zurückgelegt. Im sogenannten Beutel liegt ein Boot zur Flucht bereit. Unklar ist, ob sie ein Fluchtziel haben. Sicher wollen sie sich so schnell wie möglich vom Tatort entfernen, aber keiner von ihnen hat vor, die Stadt längerfristig zu verlassen.

Seevilla (Quelle: Ansichtskartensammlung des Autors)

Die drei rudern nach Süden in Richtung Zippendorf. Hinter Kalkwerder, dicht bei der beliebten Restauration Seevilla, machen sie halt. Hier wird die Kiste aufgebrochen, Gold, Silber und Papiergeld, über 18 000 Mark, teilen sie unter sich auf. Für sie wertlose Papiere und Sparkassenbücher im Wert von fast 8000 Mark versenken sie mit der Kiste im See. An Land gegangen, trennen sie sich. Winckel und Wenck schlagen den Weg nach der Artilleriekaserne ein. Im weitläufigen Umfeld vergraben sie dort ihre Beute. Auch Ahrens vergräbt seinen Anteil dicht vor der Stadt im Schlossgarten. Lange können sich die Ganoven ihres neu erworbenen Reichtums nicht erfreuen. Kaum ist der Diebstahl zur Anzeige gebracht, fällt der Tatverdacht auf Ahrens und Winckel. Beide werden noch in derselben Nacht, als sie sich anschicken, in ihre Wohnungen zurückzukehren, verhaftet. Durch Gipsabdrücke der Fußspuren im Garten wird Ahrens überführt. Er legt das Geständnis ab, die Tat zusammen mit Winckel und Wenck begangen zu haben. Ihre Geldverstecke müssen sie preisgeben, 2 200 Mark bleiben allerdings verschwunden. Ahrens und Wenck werden zu fünf Jahren, Winckel unter Einbeziehung einer noch nicht verbüßten Haftstrafe zu sieben Jahren Zuchthaus verurteilt. Das Gericht bleibt mit dem Strafmaß nur wenig unter den von Staatsanwalt Giffening geforderten Haftstrafen.

Und ein Menschenleben ist auch noch zu beklagen. Zwei Jahre nach der Tat nimmt sich die Ehefrau des Ahrens das Leben. Im sogenannten Beutel am Marstall, wo damals die Flucht zu Wasser begann, ertränkt sie sich. Scham, gesellschaftliche Ausgrenzung und wirtschaftliche Not werden sie in den Selbstmord getrieben haben.

Gründe zum Feiern finden sich immer

Die Bevölkerung der Stadt besteht natürlich nicht nur aus Gaunern und Ganoven. Kaisergeburtstage werden auch friedlich gefeiert und nicht nur die Geburtstage des allseits verehrten Herrschers. Im Jahr 1879 bietet sich außerdem die Gelegenheit, die Goldene Hochzeit des Kaiserpaares zu feiern. Am Sonnabend, dem 22. März 1879, steht zunächst der Geburtstag des Monarchen im Vordergrund. In den Lokalen der Stadt herrscht an diesem Wochenende Hochkonjunktur. In den besseren Häusern wie dem Hotel du Nord oder Sterns Hotel finden Festdinners statt. Eifrig umwerben die Wirte ihre Gäste in den Tageszeitungen. W. Thees bietet am Großen Moor 17 frischen warmen Kalbsbraten, Gulasch und andere Spezialitäten an, Adolf Scheel veranstaltet in seinem Lokal in der Baderstraße eine große Tanzmusik, und im Thalia-Theater wird in dem festlich dekorierten Saal ein großes Konzert vom Musikkorps des Jäger-Bataillons gegeben. Der Inhaber der Straußschen Bierhalle in der Lützower Straße lockt das Publikum mit seinem vorzüglichem Kaiserbier.

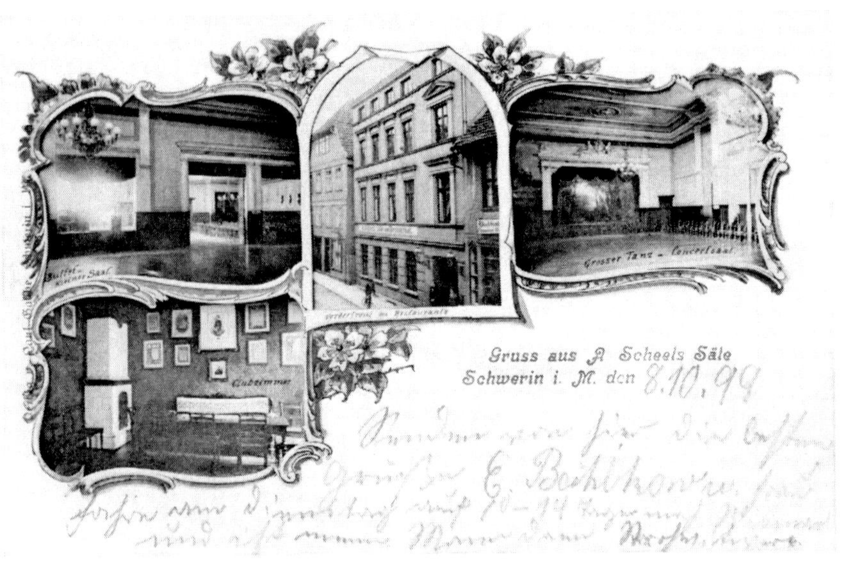

Scheels Säle in der Baderstraße (Quelle: Ansichtskartensammlung von Andreas Bendlin)

Bereits am Freitagabend werden Vorfeiern veranstaltet. Die Militärmusikkorps der Garnison veranstalten einen Großen Zapfenstreich, der sich vom Arsenal aus in Bewegung setzt und vor dem Haus des Generalleutnants Freiherr von Schlotheim in der Annastraße am Schweriner See endet. In den Sälen der Tonhalle, einem der größeren Etablissements, trifft sich der Kriegerverein zu einer Vorfeier, Sonntagabend kommen die Mitglieder des Männer-Turnvereins zu einer Nachfeier in der Tonhalle zusammen.

Annastraße (Quelle: Ansichtskartensammlung des Autors)

An den Schulen spielen sich alle Jahre dieselben Szenarien ab. Festansprachen der Rektoren eröffnen die Feierlichkeiten, gefolgt vom Absingen patriotischer Lieder und dem Aufsagen passender Gedichte. Aula und Klassenzimmer sind mit Blumen ausgeschmückt, das Kaiserbild an der Wand mit Efeu umkränzt.

Man bemüht sich, auch den Jüngsten die Bedeutung des Tages näherzubringen. Im Wilbornschen Kindergarten, in dem auch junge Mädchen in der Kindererziehung ausgebildet werden, stellen sich die Kleinen vor der Büste des Kaisers auf und zwei der kleinsten Mädchen schmückten sie mit einem frischen Lorbeerkranz.

Den größten Aufwand zu den Feierlichkeiten betreibt aber das Militär. Nach dem Großen Zapfenstreich am Freitag beginnt der Sonnabend mit einer Militärreveille, dem allgemeinen Wecken durch Signal. Es folgt ein Gottesdienst in der Schelfkirche und um 12 Uhr wird auf dem Alten Garten eine Parade abgehalten. 101 Kanonenschüsse werden vom Schlossgarten aus abgefeuert. Am Abend vergnügen sich die einzelnen Truppenteile in den Lokalen der Stadt. Während so Groß und Klein in Schwerin seinem Kaiser huldigt, war die Großherzogliche Familie, eng verwandt mit dem Kaiserhaus, bereits Donnerstag nach Berlin gereist, um zusammen mit anderen fürstlichen Gästen dem Jubilar persönliche Glückwünsche darzubringen. Dem alten Monarchen, welcher im Vorjahr zwei Attentate überstanden hatte, war von den Ärzten angeraten worden, sich jeder körperlichen Anstrengung zu enthalten, und so fallen die Feierlichkeiten im Gegensatz zu früheren Jahren eher bescheiden aus.

Die Goldene Hochzeit des Kaiserpaares steht erst im Juni an. Eine Woche vorher wird aber noch das Werderfest gefeiert. Entstanden ist das Fest am Ende des 18. Jahrhunderts. Gefeiert wird die Übergabe von Deputatholz am Tag nach Pfingsten, und schon bald gestaltet es sich zu einem beliebten Volksfest. Die Zahl der Besucher geht in die Tausende, auch Angehörige der Herrscherfamilie lassen sich gelegentlich sehen, um ihre Verbundenheit mit dem Volk zu demonstrieren. Alt und Jung pilgern am Eröffnungstag, dem 4. Juni 1879, in Scharen ins Werderholz. Für die Kinder werden Wettbewerbe veranstaltet. Topfschlagen, Sackhüpfen und das um 16 Uhr beginnende Stangenklettern der Knaben begeistern und lassen so manchem Repräsentanten der Bürgerschaft seine zur Schau gestellte distinguierte Zurückhaltung vergessen.

Schelfwerder (Quelle: Ansichtskartensammlung des Autors)

Als um 17 Uhr Regen einsetzt, flüchten die Gäste in die Trinkzelte und Buden. Diese bieten aber nur ungenügenden Schutz und nachdem sich gegen 19 Uhr das Wetter etwas aufhellt, flüchtet sich der größte Teil der Festbesucher frustriert nach Hause. Auch der zweite Festtag bringt den Budenbesitzern nur geringe Einnahmen und so wird um die Genehmigung einer Nachfeier für den kommenden Sonntag nachgesucht. Und wieder verwandeln lang anhaltende Regengüsse den Festplatz in ein Schlammfeld. Doch wenn es ums Feiern geht, legen die Schweriner eine bemerkenswerte Ausdauer an den Tag.

Drei Tage später versammeln sie sich schon wieder im Werderholz, um die Goldene Hochzeit des deutschen Kaiserpaares zu feiern. Die Dampfboote Paul und Pfeil sowie zahlreiche Droschken und Pferdeomnibusse können den Ansturm Tausender Festbesucher, obwohl sie unausgesetzt fahren, kaum bewältigen. Auch in der Stadt wird überall gefeiert. Die Residenz ist beflaggt und festlich geschmückt. Vor dem Gymnasium am Pfaffenteich werden aus Böllern 101 Schüsse abgegeben. Den Schülern bleibt die obligatorische Ansprache in der Aula wieder nicht erspart, danach aber wird ihnen freigegeben. Dass auch die Beamten der Kaiserlichen Post sich einen freien Tag gönnen, erregt den Unmut zahlreicher Geschäftsleute, die noch etwas aufgeben möchten.

Eine Militärparade findet mittags 12 Uhr auf dem Alten Garten statt. Sie wird von Generalleutnant von Schlotheim abgenommen, da die Großherzoglichen Herrschaften schon wieder in Berlin sind. Wie schon vor Wochen beim Kaisergeburtstag überbieten sich die Wirte im Anpreisen von Speisen und Getränken. Abends wird, endlich einmal bei wunderschönem Wetter, in den Sommergärten aufgespielt. Dem Konzert des Hautboistenkorps des Grenadierregiments im Garten des Hotels de Paris wohnen über 500 Besucher bei. Als eine Hymne auf die Goldene Hochzeit des Kaiserpaares abgespielt wird, applaudiert das Publikum lang anhaltend und stürmisch.

Komponiert hat sie ein Schweriner, Hofkapellmeister Friedrich Wilhelm Kücken. Geboren als Sohn eines Scharfrichters verschlägt es Kücken 1825 nach Schwerin. Mit 19 Jahren wird er Klavierlehrer am Hof, nach Studienreisen durch Europa wird er Hofkapellmeister in Stuttgart. 1862 kehrt er nach Schwerin zurück und lebt als Privatier. Seine patriotischen Lieder werden gerne zu solchen Anlässen abgesungen. Und das sind nicht nur die Festtage des Kaiserhauses, auch die Geburtstage, Taufen, Namenstage oder Hochzeiten des lokalen Herrscherhauses werden festlich begangen.

Am 28. Juli 1885 feiert Großherzogin Anastasia Michailowna Romanowa, Gattin des dritten Großherzogs mit dem Namen Friedrich Franz, ihr 25-jähriges Wiegenfest. Verwandte aus dem Hochadel ganz Europas finden sich ein, auch ihre Eltern, die Kaiserlichen Hoheiten, der Großfürst Michael Nikolajewitsch und Olga von Russland. Die kommen ganz profan mit dem Nachmittagszug 13.30 Uhr von Berlin über Hagenow, sicher aber im angehängten Salonwagen. Nach Beendigung der Feierlichkeiten geht es dann schon etwas mondäner weiter, in die Sommerfrische nach Bad Doberan. Dieses Mal mit Extrazug, und um die Sonnenstrahlen vom Salonwagen abzuhalten, wird dessen Dach mit frischem Rasen belegt. Zur Vorfeier des Geburtstages beschließt der Vorstand des Segel- und Rudervereins, am Abend des 27. Juli einen Wasserkorso zu veranstalten. Vom Bürgerausschuss werden auf Antrag des Magistrats 300 Mark als Beihilfe für die Anschaffung von Girlanden, Laternen und Ähnlichem aus der Stadtkasse bewilligt.

Das Geld kommt übrigens wieder rein, denn aus Anlass ihres Geburtstages lässt Anastasia dem Bürgermeister Bade 400 Mark zur Verteilung an die Armen überweisen. Die ganze Flotte, 170 Boote kommen zusammen, wird im Beutel hinter der Marstallhalbinsel auf ihren Einsatz vorbereitet. Und der Großherzog fährt schon mal mit dem Ruderboot vom Schloss aus herüber, um zu sehen, was seine Untertanen da so treiben. Ein ganz ähnlicher Korso wurde bereits ein Jahr zuvor beim Einzuges des Großherzoglichen Paares in die Residenzstadt veranstaltet. Teilnehmen dürfen nur ausreichend festlich geschmückte und beleuchtete Fahrzeuge. Dabei ist es gleichgültig, ob es sich um Angelboot, Sand- oder Lastenkahn, Ruder- oder Segelboot handelt. Die Ausfahrt beginnt nach dem Sonnenuntergang. Sämtliche Fahrzeuge folgen dem Kommandoboot, welches zusammen mit dem Musikkahn die Führung übernimmt. Der Beutel wird in östlicher Richtung verlassen, der unmittelbar vor der Marstallhalbinsel in den Beutel führende Kanal ist gesperrt. Langsam nähert sich die Flotte dem Schloss, um vor der Grotte Aufstellung zu nehmen.

Hier ankern schon die Dampfer Niklot und Pfeil mit zahlreichen Schaulustigen an Bord. Wer das Spektakel von Land aus verfolgen möchte, dem bleibt neben der Annastraße, auf der dichtes Gedränge herrscht, nur die Marstallhalbinsel, auf der aber Eintritt verlangt wird. Die gegenüberliegenden Ufer, bis zum Kalkwerder, sind derart mit hohem, alle Aussicht hemmenden Schilf bewachsen, dass von dort aus nichts zu sehen ist. Von den benachbarten Ufern aus werden bengalische Fackeln abgebrannt. Auch das Bootshaus des Segel- und Rudervereins ist festlich geschmückt

Grotte im Burggarten (Quelle: Ansichtskartensammlung des Autors)

und beleuchtet. Auf der Grotte im Burggarten hat die Großherzogliche Familie mit ihren Gästen Platz genommen. Nach dieser Stelle richten jetzt die Boote ihren Kiel. Als alle mehr oder weniger ihre Position eingenommen haben, bringt Herr Brunnengräber, Chef des Ganzen, in kurzen lauten Worten ein Hoch auf die Großherzogin aus. Tausende Stimmen fallen brausend ein und in schmetternden Klängen lässt die Musikkapelle die Nationalhymne über der Wasserfläche erschallen. Hochauf schießt plötzlich der Strahl einer Wasserfontäne, die im Glanz eines bunten Feuerwerkes auf und nieder tanzt. Und oben, von der Grotte herab, bekundet die Großherzogin durch huldvolles Neigen ihren Dank für die ebenso aufrichtige wie begeisterte Ovation. Doch das soll sich bald ändern. Dass ihr Mann krankheitsbedingt, er leidet an Asthma und einer Herzschwäche, die meiste Zeit des Jahres an der Cote d´Azur oder anderswo im Süden verbringt, macht das Großherzogliche Paar immer unbeliebter. Schon bald sickert auch durch, dass Anastasia mit dem Großherzogtum Mecklenburg-Schwerin nicht viel am Hut hat. Sie, das verhätschelte Lieblingskind eines russischen Großfürsten, dessen kleinste Herrschaft größer als dieser deutsche Kleinstaat ist, wird sich nie als Mecklenburgerin fühlen. Als Witwe wird sie sich kaum noch in Schwerin blicken lassen.

Ganz anders dagegen ihre Vorgängerin Großherzogin Marie, geborene Prinzessin von Schwarzburg Rudolstadt und dritte Frau Friedrich Franz II. Mit 18 Jahren wurde sie nach Schwerin verheiratet, mit 33 Jahren wurde sie Witwe und lebt bis zu ihrem Tod 1922 im Schloss in Raben Steinfeld. Getraut wurde sie mit Friedrich Franz am 4. Juli 1868 in der Schlosskirche in Rudolstadt. Die Braut trug eine Robe von Silberbrokat mit Schleppe von gleichem Stoff, beides reich mit Rosen und Myrten in Silber bestickt, dazu Collier und Diadem aus den Hausdiamanten und einen Myrtenkranz. Der Großherzog trug schlicht seine Mecklenburgische Generalsuniform.

Unterdessen befassten sich die Schweriner schon seit Tagen mit den Vorbereitungen der Einzugsfeierlichkeiten. Zur Begrüßung des frischvermählten Paares wurden 30 junge hübsche Mädchen ausgewählt, die sämtlich dem Bürgerstand angehörten. Die adeligen Fräuleins, die dazu aufgefordert worden sind, hatten abgelehnt. Genauer gesagt werden es ihre Väter gewesen sein, die ihren Töchtern eine Teilnahme untersagten. Das Verhältnis zwischen Friedrich Franz und seiner Ritterschaft war nicht immer von Harmonie geprägt. Eichenlaub zum Schmücken der Häuser und Ehrenpforten wurde zentnerweise in die Stadt gekarrt. Frauen und Mädchen waren unermüdlich mit dem Flechten von Kränzen und Binden von Girlanden beschäftigt. Sorgen bereitete den Verantwortlichen, dass das zum Ausschmücken verwendete Laub bei der großen Hitze zu schnell vertrocknen könnte. Die Marienstraße wurde mit frischem Sand beworfen. Vor dem Bahnhof und auf dem Bahnsteig selbst wurden Ehrenpforten errichtet.

Am 13. Juli, mittags 12 Uhr, traf der Extrazug mit dem glücklich vermählten Paar in der Haupt- und Residenzstadt ein. Begrüßt wurden sie am Bahnhof von den Spitzen der höchsten Staatsbehörden, den Mitgliedern des Magistrats und des Bürgerausschusses, allen voran von Bürgermeister Karl Julius Gottfried Juhr. Weiter ging es in einem mit sechs Pferden bespannten Galawagen unter dem Geläut der Kirchenglocken und minütlich abgefeuerten Kanonenschüssen durch die Wilhelmstraße, am Pfaffenteich entlang bis zu einer von Hofbaumeister Willebrand erbauten, durch ihre ungewöhnlichen, großen Dimensionen imponierenden Ehrenpforte, an der Ecke, wo die Poststraße in die Arsenalstraße mündet.

Gleich neben dieser Ehrenpforte war eine Tribüne errichtet, auf der die 30 ganz in weiß gekleideten Schweriner Bürgertöchter platziert wurden. Diese erhob sich in zwei Geschossen von über 15 Metern und war über und über mit Girlanden, Fahnen und den Wappenschilden der Mecklenburgischen und Schwarzburg-Rudolstädtischen Fürstenhäuser geschmückt. Sobald der Wagen des großherzoglichen Paares in die Ehrenpforte hineingefahren war, trat aus den Reihen der jungen Damen ein Fräulein Wettering hervor und trug der Großherzogin ein Willkommensgedicht vor. Jetzt setzte sich der Zug unter Abspielen der Hymne „Gott segne Friedrich Franz“ wieder in Bewegung, durchfuhr die Friedrich- und die Königstraße und erreichte endlich die Schlossinsel. Abends fuhren die hohen Herrschaften noch einmal über den Schelfmarkt nach dem Schelfwerder, wo halb Schwerin sich zum Feiern eingefunden hatte. Zurückgekehrt zum Schloss erwartete sie bei schon eingetretener Dunkelheit ein vom Kalkwerder aus abgebranntes Feuerwerk. Auch um das Schloss herum hatten sich zahlreiche festlich geschmückte und mit Lampions und Laternen beleuchtete Boote positioniert. Und natürlich waren auch wieder die Dampfer, mit zahlreichen Gästen an Bord, dabei, wie überhaupt bei allen Festlichkeiten in der Stadt, soweit diese nicht in das Winterhalbjahr fielen.

Badeanstalt Kalkwerder (Quelle: Ansichtskartensammlung von Andreas Bendlin)

Besonders gerne werden die Dampfschiffe von den Schweriner Vereinen angemietet. Die Stadt erlebt eine Vielzahl von Neugründungen von Vereinen in der zweiten Hälfte des 19. Jahrhunderts. Soziale Bedeutung erlangen diese Orte bürgerlichen Engagements auf dem Gebiet der Wohltätigkeit. Organisationen wie der Waisenunterstützungsverein, der Verein gegen Hausbettelei oder der Demmlersche Unterstützungsfonds für hilfsbedürftige Schweriner Einwohner lindern die Not der ärmeren Bevölkerung. Vor allem die privaten Stiftungen gewinnen für die Wohlfahrtspflege immer mehr an Bedeutung. So gewährt die Johanna-Bauch-Stiftung Beihilfen zur Aussteuer an sittenreine Schweriner Dienstmädchen. Die Bartning-Masius-Stiftung nimmt sich verwaisten Jungfrauen aus den bürgerlich gebildeten Ständen an.

Für Bedürftige, in ihrem Dienst zu Schaden gekommene Feuerwehrmänner und deren Familien, erweist sich die Wladimir-Stiftung als ein Segen. Anlässlich seines Aufenthaltes in Schwerin, zwecks Heirat mit der Herzogin Marie, überweist der Großfürst Wladimir von Russland dem Magistrat 200 Dukaten für wohltätige Zwecke. Die Stadtoberen beschließen, das Geldgeschenk für die Gründung einer Stiftung zur Unterstützung verunglückter Feuerwehrmänner oder deren Hinterbliebenen zu verwenden. Für die Verwendung des Namens Wladimir-Stiftung wird die Genehmigung bei seiner Kaiserlichen Hoheit in Sankt Petersburg eingeholt. Der steinreiche Großfürst fühlt sich geschmeichelt und packt gleich noch mal 300 Dukaten drauf.

Besonders großen Zulauf erhalten die Sportvereine, was auch der Entwicklung neuer Sportgeräte geschuldet ist. Aus dem Velociped, dem Hochrad, wird schon bald das moderne Niederrad, aus Ruderbooten werden Rennboote. Auch Fußball und Tennis erfreuen sich immer größerer Beliebtheit. Tennis wird von den besser Situierten auf einem Platz mitten im Schlossgarten, dicht neben dem Schlossgartenpavillon, gespielt. Auch hinter der Müllerstraße und im Garten der Restauration Seevilla werden Plätze angelegt.

Das Fußballspiel bleibt den Arbeitern vorbehalten. Der erste Schweriner Fußballklub trägt seine Spiele auf dem kleinen Exerzierplatz an der Wittenburger Straße aus.

Lawtennisplatz am Schlossgartenpavillon
(Quelle: Ansichtskartensammlung des Autors)

Militärvereine werden nach den Einheitskriegen 1864 gegen Dänemark, 1866 gegen Österreich und 1870/71 gegen Frankreich zuhauf gegründet. Ihr eigentlicher Vorläufer ist aber der Schützenverein. In den mittelalterlichen Städten wurde die Gesamtheit der wehrfähigen Bürger zum Kriegsdienst verpflichtet. Um sich im Gebrauch der Schusswaffen zu üben, schlossen sie sich zu Schützengesellschaften zusammen. Mit der Ausbildung der stehenden Heere im 17. Jahrhundert verloren sie ihre Bedeutung, bestanden aber in vielen Städten zur Pflege der Tradition fort. Aus dieser Tradition heraus gründet sich am 30. Oktober 1865 in Schwerin der Mecklenburgische Landesschützenbund, der in regelmäßigen Abständen, im Rahmen des Landeskönigsschusses, seinen Schützenkönig ermittelt. Der erste Landeskönigsschuss wurde 1865 in Güstrow ausgetragen. Als Veranstaltungsorte folgen die Städte Parchim, Waren, Grevesmühlen, Wismar und Neustrelitz. Zum 7. Königsschuss lädt Schwerin vom 4. bis 7. Juli 1880 Teilnehmer und Gäste in seine Mauern ein. Ausgetragen werden die Wettkämpfe auf dem Exerzierplatz auf dem großen Dreesch. Ein durch Jagdnetze eingegrenztes Areal wird zu einer sich weithin erstreckenden Festwiese umgestaltet.

Um dem Ganzen den Charakter eines Volksfestes zu verleihen, wird ein umfangreiches Rahmenprogramm aufgelegt. Karussells, Schießbuden und Spielhallen sorgen für reichlich Abwechslung. Glücksspiele, deren Verlauf überwiegend vom Zufall bestimmt werden, bleiben aber verboten. Eine besondere Attraktion sind die Vorstellungen der Tauchergesellschaft des Direktors Oscar Fritsche. In einem dafür errichteten 700 Eimer Wasser fassenden Bassin führt der Berufstaucher Sauer dem staunenden Publikum verschiedene Arbeiten unter Wasser vor. Da wird gesägt und gebohrt, gehämmert und mit Winden und anderen Werkzeugen werden die unterschiedlichsten Unterwasserarbeiten ausgeführt. Dass ihm bei seinen Arbeiten eine brennende Petroleumlampe unter Wasser Licht spendet und er bis zum Ende der Vorstellung gemütlich seine Zigarre unter dem Taucherhelm raucht, sorgt für Furore. Oben am Beckenrand moderiert ein erfahrener Seemann den Zuschauern das Treiben unter Wasser. Auch Herr Direktor Fritsche lässt es sich nicht nehmen, jeden seiner Besucher bis ins kleinste Detail in die Funktionen des Taucheranzuges und der dazugehörenden Apparaturen einzuweihen.

Als ein weiteres Kuriosum hat der Mechaniker Wallenda aus Mainz sein großes artistisch-mechanisches Museum installiert. Für Eintrittspreise von 15 bis 50 Pfennige führt er den Besuchern Hunderte mechanischer Figuren und Apparate vor, die sämtlich durch eine Dampfmaschine in Bewegung gesetzt werden.

Für das leibliche Wohl wird auch gesorgt. In 18 Restaurationen und Konditoreien werden die Besucher und die Wettkampfteilnehmer bewirtet. Auch ein eigenes Post- und Telegrafenbüro wird für den Festplatz eingerichtet und Brunnenmacher Reitmann lässt auf eigene Kosten einen Brunnen zur Versorgung mit frischem Wasser graben.

Die Schießwettbewerbe werden im Grünen Tal unterhalb des Monumentenberges ausgetragen. Um unabhängig von der Witterung zu sein, wird von einheimischen Tischlern für 1500 RM eine Schießhalle von 52 Metern Länge und 10 Metern Breite errichtet. Hofuhrmacher Dreier stattet die Halle mit einer großen Wanduhr aus. Geschossen wird auf 26 Scheiben, mit Auflage auf 114 Metern Distanz, sowie freihändig auf 175 bzw. 300 Metern.

Der Schützenkönig wird auf Stand 1 und 2 auf den sogenannten „Festscheiben Mecklenburg“ ermittelt. Auf diese zwei Scheiben hat jeder Schütze drei Schüsse, von denen er am ersten Tag wenigstens einen Schuss, am zweiten Tag aber erst den dritten Schuss abgeben darf. Preise werden aber auch für die Scheiben 3 bis 26 ausgelobt. Gestiftet wurden die Preise von Gesellschaften und Privatpersonen. Dem Publikum werden sie auf einem sogenannten Gabentempel, der mit einem Durchmesser von neun Metern und einer Höhe von beinahe sechs Metern in der Mitte beachtliche Ausmaße hat, präsentiert. Der Großherzog und sein Sohn haben jeder einen Ehrenstutzen gestiftet, gefertigt von Hofbüchsenmacher Farnow in Schwerin. Andere steuern Services, Uhren und Silberbestecke bei. Der erste Wettkampftag, Montag der 5. Juli, fällt buchstäblich ins Wasser. Durch einen orkanartigen Sturm wurde den meisten Buden das Dach abgedeckt. Viele sind vollständig umgeworfen, Waren sind beschädigt und unbrauchbar geworden. Der Gabentempel gleicht einem entblätterten Baum, die Ehrengaben konnten nicht so rasch in einem anderen Raume untergebracht werden, ohne dass das entfesselte Element auch unter ihnen zerstörend gewirkt hätte. An den Ehrenpforten hängen die Girlanden in Fetzen und die Fahnen flattern zerrissen an den Masten. Verständlich, dass unter diesen Umständen auch die Stimmung in den Schießständen eine gedrückte ist. Die für den Abend geplante Illumination des Festplatzes, mit abschließendem Feuerwerk, fällt aus.

Um die Händler und Budenbesitzer einigermaßen zu entschädigen, wird am Mittwoch, dieses Mal bei herrlichem Wetter, eine Nachfeier veranstaltet. Tausende Menschen strömen zum Festplatz, die Musikkorps spielen auf, und Spielbuden und Restaurationen finden jetzt reichlich Zuspruch. Das am Abend entfachte Feuerwerk gelingt zur allgemeinen Zufriedenheit, obwohl ein großer Teil der Feuerwerkskörper seit Montag in der nassen Erde gelegen hatte. Auf die Schießwettbewerbe hat das Unwetter aber keinen Einfluss, und der zweite Wettkampftag hat Ergebnisse herbeigeführt. Sieger und neuer Landesschützenkönig wird Herr Schlachtermeister Schultz aus Crivitz, den zweiten Platz erringt Herr Restaurateur Wagner aus Schwerin.

Am Abend findet in der Tonhalle ein Abschlussball statt. Hier werden auch die Gewinner der untergeordneten Wettbewerbe geehrt und die prestigeträchtigen Wettkämpfe offiziell für beendet erklärt. Auch ökonomisch gesehen ist das Königsschießen für die Stadt ein Gewinn. Nicht nur die Budenbesitzer auf der Festwiese machen Kasse. Auch in der Stadt gibt es zahlreiche Veranstaltungen. Untergebracht und verpflegt sein wollen nicht nur die etwa 300 Schützen. Extrazüge der Friedrich-Franz-Eisenbahn und der Berlin-Hamburger-Eisenbahngesellschaft bringen zahlreiche Schaulustige nach Schwerin. Vom Alten Garten aus verkehren Pferdeomnibusse zum Festplatz. Auch der Verkauf von Souvenirs und Schützenutensilien floriert. Für Hoteliers, Restaurantbesitzer, Händler und Gewerbetreibende sind solche Großveranstaltungen immer attraktiv. Und Schwerin als Residenzstadt ist immer wieder Schauplatz großer Sport- und Kulturveranstaltungen. Besonders gepflegte Kultursparten sind in Schwerin das Musiktheater und das Instrumentalkonzert.

Sich im Wettbewerb mit den Metropolen der Welt zu behaupten, fällt schwer. Schwerin allerdings hat sich wacker gehalten in diesem ungleichen Konkurrenzkampf. Bedeutende Persönlichkeiten der Musikgeschichte haben ihre Spuren hinterlassen. Wagner und Brahms waren hier, die schwedische Nachtigall, Jenny Lind, trat auf, und Felix Mendelsohn Bartholdy, einer der bedeutendsten Musiker der Romantik, kam, um das zweite Norddeutsche Musikfest 1840 in der Stadt zu leiten. Aus der Tradition der Norddeutschen Musikfeste gingen die Mecklenburgischen Musikfeste hervor. Von 1860 bis 1922 kam es zu 15 Veranstaltungen in Rostock, Güstrow und Schwerin.

XIII. Musikfest in Schwerin am 24., 25. und 26. Mai 1903
(Quelle: Ansichtskartensammlung von Andreas Bendlin)

Das letzte Musikfest vor dem ersten Weltkrieg, 1909 in Schwerin, steht unter der Leitung von Willibald Kaehler. Kaehler ist ein geborener Berliner und seit 1906 Hofkapellmeister in Schwerin. Er hat bereits glänzende Erfolge u.a. als Dirigent der Prager Festspiele gefeiert. Als Konzertsaal für die Darbietungen dient die für ihre vortreffliche Akustik bekannte große Halle des Marstalls. Chöre mit über 500 Sängern treten auf, die Hofkapelle ist auf über 90 Musiker verstärkt worden. Die Bevölkerung zeigt großes Interesse an den Aufführungen.

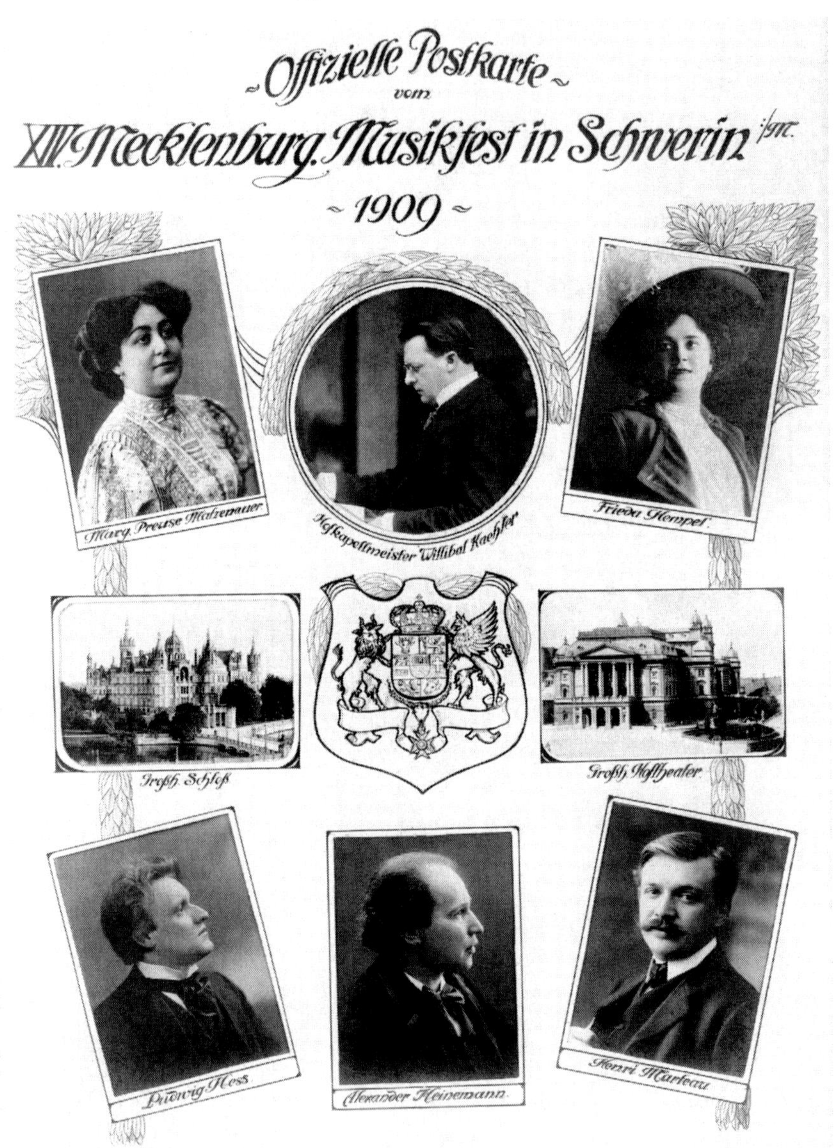

XIV. Mecklenburger Musikfest 1909 in Schwerin (Quelle: Ansichtskartensammlung des Autors)

Den Verkauf der Eintrittskarten hat die Musikalienhandlung Hahn und Lang in der Königsstraße 54 übernommen. Hier ist auch das 80 Seiten starke sogenannte Festbuch für eine Mark erhältlich. Es enthält die Texte der Chorwerke, ein Verzeichnis aller Mitwirkenden, die Festordnung mit Terminkalender und das Programm der drei Hauptkonzerte. Abgebildet ist auch die offizielle Postkarte zum Musikfest, mit Bildern des leitenden Hofkapellmeisters und der Solisten. Binnen kurzer Zeit sind alle drei Abende ausverkauft. Um noch mehr Musikliebhabern Zutritt zu verschaffen, werden an der Seitenwand des Parketts zusätzliche Plätze errichtet. Auch die drei Hauptproben sind dem Publikum zugänglich und es werden für diese verbilligte Eintrittskarten ausgegeben. Die große Anzahl der Mitwirkenden verursacht Probleme bei deren Unterbringung. Ein eigens hierfür gegründetes Einquartierungskomitee wirbt in der Schweriner Bevölkerung um Freiquartiere. Potenzielle Quartiergeber können sich aus einer in der Stillerschen Hofbuchhandlung ausliegenden Liste einen ihnen genehmen Gast auswählen. Gleich der erste Festtag, an dem auch die Großherzogliche Familie anwesend ist, wird ein voller Erfolg.

Die Beethovenschen Chor- und Orchesterwerke „Missa solemnis“ und die „Neunte Symphonie“, begeistern das Publikum.

Der zweite Tag steht ganz im Zeichen Brahmsscher Musik. Am dritten Musikfesttag ist wieder die Großherzogliche Familie anwesend. Sie wird durch Absingen der Hymne „Gott segne Friedrich Franz“ enthusiastisch begrüßt. Das Konzert beginnt mit der Chorkantate „Paria“, für Soli, Chor und Orchester. Der Komponist, Professor Arnold Mendelssohn, ist anwesend und wird vom Publikum stürmisch gefeiert. Er selbst zeigt sich begeistert von der Leistung des Chores und der Solisten. Abgesehen von der Hofkapelle und den Laiensängern der Chöre, sind sie es, die mit ihren herausragenden Darbietungen dieses 13. Musikfest prägen. Mit Henri Marteau hat man einen Geigenvirtuosen mit Weltruf gewinnen können. Marteau, 1874 in Reims in Frankreich geboren, ist Professor für Violine an der Hochschule für Musik in Berlin. Auf seinen Konzerttourneen hat er bereits die ganze Welt bereist. „Einen so unbeschreiblichen Jubel, wie dem Professor Marteau lohnte, kann nur etwas erwecken, das Ewigkeitswert hat“, heißt es zu einem seiner Auftritte in Schwerin. Fünf Jahre später, während des Ersten Weltkrieges, wird Marteau wegen seiner französischen Staatsbürgerschaft interniert werden und verliert seine Berliner Professur.

Eine andere Künstlerin steht noch am Beginn ihrer Weltkarriere. Frieda Hempel, in Berlin als des „Kaisers Lerche“ zu frühem Ruhm gelangt, ist bereits seit zwei Jahren in Schwerin engagiert. Gastauftritte in Berlin, Paris, Nizza und anderen Orten halten sie aber häufig von der Landeshauptstadt entfernt, und schon bald holt der Kaiser seine „Lerche" in die Reichshauptstadt zurück. 1912 wird sie an die Metropolitan nach New York berufen, wo sie gemeinsam mit Enrico Caruso und anderen Weltstars auftritt.

Mit Margarethe Matzenauer folgt ein berühmtes Mitglied der Hofoper in München dem Ruf nach Schwerin. Sie ist den Schwerinern keine Unbekannte, hat sie doch bereits 1908 in einem Konzert am Hoftheater mitgewirkt. Auch sie wird einem Ruf an die Metropolitan nach New York folgen und dort Erfolge feiern. Größere Solovorträge werden auch den Herren Hess und Heinemann eingeräumt. Der in Marburg als Sohn eines Universitätsprofessors geborene Ludwig Hess gilt als bedeutender Konzert- und Opernsänger. Auch als Dirigent und Komponist erwirbt er sich Ansehen. Besonders gerne gibt er gutbetuchten jungen Damen privaten Klavierunterricht, wobei er es selten versäumt, sich mit seinen Schülerinnen in pikante Abenteuer einzulassen.

Weniger bekannt dürfte der 1873 in Berlin geborene Alexander Heinemann sein. Den Musikliebhabern gilt er aber als einer der sympathischsten, vornehmsten und ernsthaftesten Liedersänger der Zeit. Um die herausragenden Leistungen der Mitwirkenden des Musikfestes zu würdigen, lädt der Großherzog die Dirigenten, Solisten und Organisatoren in den Waffensaal des Großherzoglichen Schlosses zum Diner. Einige von ihnen werden durch Verleihung von Verdienstmedaillen geehrt.

Einen glänzenden Abschluss findet das Musikfest durch einen Festball in den prachtvoll hergerichteten Räumen des Hoftheaters. Zuschauer und Bühnenraum sind nach Entwürfen des Maschinendirektors Kranich in Szenenbilder aus Figaros Hochzeit verwandelt. Eine Gartenlandschaft mit Springbrunnen, Grotten, Teehäusern und Laubhütten lädt zum Umherwandeln ein. Eine große, mit Blattpflanzen geschmückte Freitreppe, führt über die Mittelloge des ersten Ranges in den Konzertsaal. Hier sind Tische für über 400 Personen gedeckt. Nach dem Essen wird bis 3 Uhr morgens getanzt.

Konzertsaal im Hoftheater (Quelle: Ansichtskartensammlung des Autors)

Mit dem Festball enden die 13. Mecklenburgischen Musikfestspiele. Die Begeisterung der Zuschauer war groß gewesen, die Aufführungen ein Riesenerfolg. Auch gesellschaftlich haben solche Veranstaltungen einen hohen Stellenwert. Natürlich nutzen hauptsächlich die Damen die Gelegenheit, um ihren Wohlstand und sozialen Status zu präsentieren.

Besonders geeignet als Statussymbol sind Hüte. Schon die Frisuren sind zu förmlichen Haartürmen hochgesteckt. Die enorm großen Hüte werden durch lange Haarnadeln, meist aus Stahl oder Elfenbein, gehalten. Verziert sind sie reich mit Blüten, Bändern und exotischen Federn. Kein Wunder, dass so mancher Musikliebhaber darum bangte, das Geschehen auch visuell verfolgen zu können. So beeilt sich denn auch das Festkomitee bekanntzugeben, dass ausreichend Garderoben vorhanden seien, insbesondere auch für Damenhüte. „So darf man wohl erwarten, dass überall im Zuschauerraum eine durch Kopfschmuck nicht getrübte freie Aussicht nach dem Musikpodium vorhanden sein wird." Die Herren des Festkomitees scheinen dem Frieden aber nicht zu trauen und schalten am 22. Mai sicherheitshalber noch eine Anzeige in der Zeitung. „Die Damen werden gebeten, zu den Konzerten ohne Hut zu erscheinen." Ein frommer

Wunsch zu einer Zeit, als kaum eine Dame von Stand ohne Hut aus dem Hause geht.

Neben solchen, künstlerisch hochwertigen Aufführungen ist es aber auch die leichte Muse, die die Schweriner in ihren Bann zieht. Schauspielergesellschaften kommen jedes Jahr in die Stadt und die absonderlichsten sind dabei die originellsten. 1886 findet sich ein Liliputaner-Schauspiel-Ensemble in Schwerin ein. Liebevoll werden sie Zwerge genannt, denn es sind keine Zwerggengestalten, großköpfig und verkrüppelt, wie sie gerne auf Jahrmärkten zur Schau gestellt werden. Miniaturmenschen sind sie, von entzückendem Ebenmaß der Glieder und einer unendlich komischen Grandezza. Sie singen, spielen und tanzen, dass es eine Freude ist, ihnen zuzusehen. Das kleinste Mitglied der Gesellschaft, Franz Evert aus Brandenburg, misst gerade einmal 88 Zentimeter. Er stellt hauptsächlich weibliche Charaktere dar. Gemeinsam mit den Brüdern Ignaz und Johann Wolf geben sie die Komiker in der Truppe. Zwei weitere Herren und vier Damen ergänzen das Ensemble. Unter Mitwirkung des gesamten Personals des König-Städtischen Theaters aus Berlin geben sie vier Vorstellungen im alten Thalia-Theater, das ein Jahr später abgerissen wird.

Aber die Schweriner können auch selber Theater spielen. Das Metier hat eine gewisse Tradition in der Stadt. Kein geringerer als Konrad Ekhof, Vater der deutschen Schauspielkunst, gründete hier 1753, gemeinsam mit Mitgliedern der Schönemannschen Gesellschaft, die erste deutsche Schauspielerakademie. Besonders beliebt sind zu Beginn des 20. Jahrhunderts anspruchslose Volksaufführungen, an denen sich die Einwohner als Laiendarsteller beteiligen können. Gegen Ende des Jahres 1908 wird in Schwerin das Festspiel „Die Freiheitskriege“ von Carl Schumacher aufgeführt. Vom 19. bis 30. November kommt es zu zehn Aufführungen in der Flora, einem von Johannes Dürkop geleiteten Etablissement am Marienplatz. Ausrichter der Festspiele ist der Reserve- und Landwehrverein, einer von mehr als einem halben Dutzend in Schwerin ansässigen Militärvereinen. Etwa 80 Personen, Vereinsmitglieder, aber auch Frauen und Kinder der Stadt, beteiligen sich als Darsteller. Die Preise für die Eintrittskarten sind erschwinglich. Schüler aus Schweriner Schulen zahlen ermäßigten Eintritt. Der Reinertrag kommt der Unterstützungskasse des Reserve- und Landwehrvereins zugute. Die Nachfrage nach Karten für das beliebte Volksstück, das in ganz Norddeutschland zur Aufführung gelangt, ist enorm. Karten im Vorverkauf gibt es in verschiedenen Geschäften der Landeshauptstadt.

Schumachersche Festspiele (Quelle: Ansichtskartensammlung des Autors)

Schon Tage vor dem Verkaufsstart versuchen einige besonders hartnäckige Kunstliebhaber die Verkäufer zur Herausgabe der Karten zu bewegen, was aber übel aufgenommen wird. Um allen Interessenten Gerechtigkeit widerfahren zu lassen, soll der Verkauf an allen Stellen zugleich zu selber Stunde und Minute beginnen. Doch die Uhren gehen nicht bei allen gleich, schon gar nicht die Kirchturmuhren, nach denen sich viele richten. Johanna Friese Schmidt, Schriftführerin der Vereinigung für Volksunterhaltung, berichtet darüber „Schon 20 Minuten vor 8 Uhr warteten etwa ein Dutzend Menschen vor meiner Tür. Pünktlich um 8 nach meiner Uhr, welche ich nach der Postuhr gestellt hatte, öffnete ich die Tür, worauf mir entgegenscholl, die Uhr hätte schon vor mehreren Minuten 8 geschlagen. Möglich, dass es die Schelfkirchuhr war. Ich forderte die Anwesenden auf, sich in der Reihenfolge anzustelle, in der sie gekommen waren und verteilte die Billets danach. Fünf Minuten nach 8 waren dieselben ausverkauft.“ Nahezu die Hälfte der Musenfreunde geht leer aus und zieht schimpfend und fluchend von dannen. Um weiterem Ärger aus dem Weg zu gehen, wird der Vorverkauf zentral in die Räume des Christlichen Vereinshauses in der Apothekerstraße verlegt.

Alle Aufführungen, die folgen, sind ein voller Erfolg. Die Handlung des Stückes versetzt das Publikum in die Zeit des Kampfes des deutschen Volkes gegen die napoleonische Fremdherrschaft. Musikalisch eingeleitet wird das Stück durch die Stadtkapelle unter Leitung von Herrn Sander. Kaufmann Willy Kammeyer trägt anschließend den Prolog vor, der Vorhang geht auf und man gewahrt die Büste des Kaisers, zu der das Volk unter den Klängen der Nationalhymne emporjubelt. Und so geht es den ganzen Abend fort. Die Laiendarsteller stellen sich in Pose und bilden in sogenannten lebenden Bildern eine historische Szene nach. Es folgen eine Reihe von Szenen aus den Befreiungskriegen, begleitet durch einen in Versform gehaltenen Text, gesprochen wieder von Willy Kammeyer. Zum Abschluss erblickt man Kaiser Wilhelm I. Hand in Hand mit Bismarck und Wilhelm II. in Admiralsuniform.

An diesen hoch patriotisch schwülstigen Aufführungen findet auch der Großherzog gefallen. Am 24. November 1908 erscheint er mit seiner Gemahlin, dem Prinzen Reuß und mit großem Gefolge. Deutsche Fürsten lieben es, wenn ihresgleichen als Held verehrt wird, und sei es auch nur als Statist auf einer Theaterbühne. Eine Woche später findet die Abschlussvorstellung statt. Die große Beliebtheit der Aufführungen lässt sich sicher auch durch die Mitwirkung der Laiendarsteller erklären. Beinahe jeder im Publikum hat einen Verwandten oder wenigstens Bekannten unter den Darstellern. Dem Konzerthaus Flora bleibt nur noch eine Wintersaison beschieden. In der Nacht vom 28. zum 29. Mai 1909 brennt das Etablissement völlig nieder. Auslöser des Feuers soll eine Explosion in dem für die elektrische Lichtanlage zuständigen Maschinenraum gewesen sein. Der Reserve- und Landwehrverein, welchem die Flora als Vereinslokal dient, verliert in dieser Nacht seine alte Vereinsfahne, zahlreiches Vereinsinventar sowie den gesamten Aktenbestand. Bereits ein Jahr darauf eröffnen an gleicher Stelle die ebenfalls von Johannes Dürkop geleiteten Stadthallen.

Konzerthaus Flora (Quelle: Ansichtskartensammlung des Autors)

Stadthallen Schwerin i. M.
Besitzer Johs. Dürkop
Restaurant u. Kabarett

Stadthallen am Marienplatz (Quelle: Ansichtskartensammlung von Andreas Bendlin)

Über Zirkusse, Schwerathleten und Schnellläufer

Wo anders lässt es sich so schön in andere Welten abtauchen wie im Zirkus. Die Stadt Schwerin stellt den Zirkusgesellschaften im Laufe der Jahrzehnte unterschiedliche Örtlichkeiten für ihre Aufführungen zur Verfügung. Zirkuszelte können am westlichen Ende des Spieltordammes, auf dem Schelfmarkt, dem Louisenplatz, dem Exerzierplatz vor dem Militärhospital oder vor dem Schlachthofplatz an der Bleicherstraße aufgeschlagen werden. Auch in festen Gebäuden wie dem Thalia-Theater oder der Turnhalle in der Amtsstraße finden Aufführungen statt. Berühmte deutsche und ausländische Zirkusgesellschaften kommen in die Stadt. 1908, eine Woche vor Ostern, langt Zirkus Charles mit zwei Elefanten, 15 Löwen, sechs Eisbären, Seelöwen, Pferden, Zebras, Affen, Hunden und dergleichen per Sonderzug mit 26 Waggons in Schwerin an. Bereits am Anreisetag abends acht Uhr findet die Eröffnungsvorstellung statt. Das Zelt am Schlachthof ist bis auf wenige Plätze besetzt.

Schlachthaus (Quelle: Ansichtskartensammlung von Andreas Bendlin)

Großen Anklang finden Reitvorführungen, wie das Einfangen eines fliehenden Reiters mit mexikanischem Lasso oder das Aufnehmen von Gegenständen im scharfen Galopp. Begreiflicherweise erregen die exotischen Tiere besonderes Interesse. Die Eisbären werden von einem riesigen Schwarzafrikaner, dem Prinzen Lorvadarnov, vorgeführt. Die Seelöwen präsentiert Direktor Charles, sie begeistern das Publikum durch ihr ausgeprägtes Balanciervermögen. Die Hauptattraktion des Abends ist aber Miss Charles mit ihrer Löwendressur. Miss Charles, eigentlich Ida Krone, ist seit 1902 Ehefrau von Carl Krone alias Zirkusdirektor Charles. 1904 hat sie die Löwendressur von ihrem Gatten übernommen. Berühmtheit erlangt sie mit ihrem sogenannten Löwenfrühstück. An einem Tisch sitzend, reicht sie den Löwen die Bissen, und das Ganze gipfelt in dem nicht ganz ungefährlichen Rachentrick, wobei sie ihren Kopf in den Rachen des Löwen Othello steckt. Othello wird mit den Jahren aber immer unzuverlässiger und schon ein Jahr nach dem Schweriner Gastspiel, im Sommer 1909 in Kassel noch angekündigt, wird die Nummer sicherheitshalber gestrichen. Probleme mit Othello führen schließlich zum Ende dieser attraktiven und berühmten Raubtierdarbietungen. Auf Drängen ihres Gatten übergibt Ida Krone 1913 die Löwendressur an den Dompteur Lichtenthal. Zirkus Charles gastiert fünf Tage in Schwerin, wegen des großen Andrangs einen Tag länger als geplant. Täglich werden zwei Vorstellungen gegeben. Die Eintrittspreise sind auch für weniger Bemittelte erschwinglich. Für Nachmittagsvorstellungen zahlten Kinder unter zehn Jahren und Militärpersonen vom Feldwebel abwärts auf allen Plätzen den halben Preis. Eine der wenigen Möglichkeiten für die Soldaten der Garnisonstadt, dem tristen Kasernenalltag zu entfliehen. 1913 tauft Direktor Charles seinen Zirkus in Zirkus Krone um. Hundert Jahre später gilt dieser als der größte Zirkus in Europa und besitzt ein festes Zirkusgebäude mit 3000 Sitzplätzen in München.

Am 31. Juli 1913 trifft der Zirkus Strassburger in der Residenzstadt ein. Sofort wird mit dem Aufbau des 3500 Personen fassenden Riesenzeltes auf dem Schlachthofplatz begonnen und noch am selben Abend findet die Eröffnungsveranstaltung statt. Direktor Strassburger macht schon seit Tagen durch Zeitungsannoncen und große Plakate auf sein Kommen aufmerksam. Eintrittskarten gibt es im Vorverkauf im Zigarrengeschäft von Carl Wiegandt in der Schmiedestraße und in der von Hermine Hedler geführten Zigarrenhandlung im Demmlerhaus am Pfaffenteich. Strassburger verspricht ein Programm mit täglicher Abwechslung. Das Hauptaugenmerk liegt auf Pferdedressuren und akrobatischen Darbietungen. Nach vier Aufführungstagen am 3. August kündigt Strassburger seine Abschiedsvorstellung an, natürlich nicht ohne sich selbst zu loben. „Da ich beabsichtige, in ca. 2 Jahren die hiesige Stadt wieder zu besuchen, erlaube ich mir, das Publikum darauf hinzuweisen, dass bei mir die letzte Vorstellung stets die glänzendste meines Aufenthaltes ist, um bei dem geehrten Publikum in gutem Andenken zu bleiben, nicht irgendwie gekürzt wie bei anderen Unternehmen."

Acht Jahre später verkauft Adolf Strassburger seinen Circus an Lorenz Hagenbeck, den Sohn des berühmten Tierparkgründers Carl Hagenbeck. Zoo und Circus verschmelzen miteinander zum berühmten Tierpark Hagenbeck in Hamburg.

Gerne ergänzen die Zirkusdirektoren ihr Programm durch Ringkämpfe oder Vorführungen durch Kraftsportler. Als der Zirkus Blumenfeld und Gutschmidt 1883 im Thalia-Theater gastiert, kommt auch Emil Naucke erstmals nach Schwerin. Naucke wird 1855 auf der Insel Poel geboren. Nach dem Erlernen des Bäckerhandwerks schließt er sich einer Artistentruppe an. Durch seine ungewöhnliche Körperfülle und Kraft gelangt er als Berufsringer schnell zu großer Popularität. Seine Tourneen führen ihn um den ganzen Globus. Später eröffnet er ein eigenes Varieté am Spielbudenplatz in Hamburg. Aber seine Auftritte beschränken sich keinesfalls nur auf den Ringkampf. Nauckes Hauptkunststück in Schwerin ist die Herkules Polka. Hierbei legt er sich eine mehrere Zentner schwere Kugelstange auf den Nacken. Ein anderer Athlet, Freddy Paulsen, setzt sich auf Nauckes Schultern, zwei weitere Zirkusmitarbeiter hängen sich zu beiden Seiten an die Riesenhantel. Nach dem Kraftakt wirft Naucke eine 20 Kilogramm schwere Eisenkugel fünf Meter hoch in die Luft und fängt sie mit der bloßen Brust wieder auf. Am nächsten Abend lässt er sich an beiden Armen zwischen zwei Arbeitspferden festbinden und lässt diese anziehen. Allein mit seiner herkulischen Körperkraft hält er die Tiere zurück. Das Schweriner Publikum tobt vor Begeisterung.

Zwei Jahre später ist Naucke wieder in Schwerin, diesmal als Direktor einer eigenen Artistentruppe. Neu im Programm ist sein Exerzieren mit einem 85 Kilogramm schweren Riesengewehr. Im Ring dürfen sich auch einheimische Kraftprotze gegen ihn versuchen, haben aber keine Chance. Naucke wiegt inzwischen 180 Kilogramm und das lässt auch einen Schweriner Droschkenkutscher, bei dem Naucke für sich und einige Damen aus seiner Artistentruppe eine Spazierfahrt buchen möchte, für sein Gefährt nichts Gutes ahnen. Als die Damen eingestiegen sind, will auch Naucke Platz nehmen, wird aber von dem besorgten Droschkenkutscher, der seiner Kutsche die weitere Belastung von fast vier Zentnern nicht zumuten will, abgewiesen. Der gutmütige Naucke lässt sich die Abfuhr gefallen und besteigt die nächste Droschke alleine.

Genauso wie diese kraftstrotzenden Athleten wird ein Schnellläufer angestaunt. Gelaufen wird schon in der Steinzeit, doch seid unsere Vorfahren keinen Beutetieren mehr hinterherhetzen müssen, scheint auch das Laufen aus der Mode gekommen zu sein. Einen wirklichen Stellenwert erlangt es erst wieder mit den Olympischen Spielen der Moderne 1896 in Athen. Und so zieht jemand, der einfach nur um den Pfaffenteich läuft, 1883 eine nach Tausenden zählende Menschenmenge an. Bekleidet mit einem feuerroten Fantasiekostüm, beginnt der Schnellläufer Fritz Sabelmann aus Hamburg am 28. September um 12 Uhr, seine Runden um den Pfaffenteich zu drehen. Schon lange vorher sammeln sich dichte Scharen der Schweriner Schuljugend. Sabelmann, gefolgt von mehreren Knaben, läuft durch die Marienstraße östlich um den Pfaffenteich herum. Für zwei Runden benötigt er 14 Minuten und 30 Sekunden. Eine Woche später darf er vor der Großherzoglichen Familie um den Ludwigsluster Schlosshof rennen, wofür er auch fürstlich entlohnt wird.

Sabelmann ist aber keineswegs der Erste, der für eine Gage durch die Stadt läuft. Im Juni 1866 ist der Schnellläufer Heinrich Harder, ebenfalls aus Hamburg, in Schwerin zu Gast. Der hat aber mit ganz unerwarteten Tücken zu kämpfen. Anders als bei Sabelmann folgt ihm die Schweriner Schuljugend nicht jubelnd und jauchzend, sondern versucht, ihm allerlei Hindernisse in den Weg zu werfen. Schließlich sieht er sich genötigt, sich in der Zeitung an die Eltern zu wenden und diese aufzufordern, ihre Sprösslinge im Zaume zu halten. Harder läuft verschiedene Strecken in der Stadt ab, vom Berliner Tor bis zum Sachsenberg, vom Schlossgarten bis nach Zippendorf sowie vom Alten Garten nach dem Duve`schen Gasthof auf dem Schelfwerder.

Mechanische Theater, Zauberer und ausgebüxte Raubkatzen

Immer wieder gerne besucht werden auch Wachsfigurenkabinette, deren Besitzer als Schausteller durch das Land reisen. Im April 1880 eröffnet ein Herr Bayer sein Historisches Volksmuseum auf dem Alten Garten. Die Bretterbude, er nennt sie Salon, mit stets brillanter Gasbeleuchtung, ist täglich von 10 Uhr morgens bis 10 Uhr abends geöffnet. Der Eintrittspreis beträgt 40 Pfennige, Kinder unter 10 Jahren und einfache Soldaten zahlen die Hälfte. Die Ausstellung enthält die Wachsfiguren sämtlicher deutscher Kaiser, auch einige Landschaftspanoramen und Gruppen aus Wachs sind zu sehen. Die meisten Figuren sind statisch. Nur wenige, wie eine Jongleurin, die den Körper wiegend, einen Degen auf ihrer Stirn balanciert, oder ein afrikanischer Ureinwohner, der den Kopf hin und her dreht, sind beweglich.

Richtig beweglich wird es dann aber ein paar Tage später auf dem Schelfmarkt. Am 26. April 1880 trifft Herr Morieux aus Paris mit seinem mechanischen Theater in Schwerin ein. Über 20 Jahre hat der Vater des jetzigen Besitzers Theatervorstellungen auf dem Boulevard de Tempel in Paris gegeben, der als Geburtsort des Boulevardtheaters gilt. Jetzt bereist der Sohn ganz Europa. Das Theater ist eine Mischung aus Optik, Mechanik und Malerei.

Täuschend echt wirkende Wachsfiguren werden durch eine unsichtbare Mechanik in Bewegung gesetzt. Im Hintergrund werden durch unterschiedliche Beleuchtung einer bemalten Leinwand Tag- und Nachteffekte oder ein Brand mit lodernden Flammen nachempfunden. Zu einer das Geschehen passend untermalenden Musik von acht Blasinstrumenten, die nur bei den laut und verständlich gegebenen Erklärungen unterbrochen wird, sieht man Gegenden aus fünf Erdteilen an sich vorüberziehen, wobei der Vordergrund immer von Menschen und Tieren, Schiffen und Wagen und Ähnlichem belebt wird. Sehr abwechslungsreich ist das Treiben beim Karneval auf der Newa dargestellt: Eine Windmühle bewegt sich, Schlitten fahren, Betrunkene taumeln durch die Gegend; Prügeleien, Schlittschuhläufer, eine Prozession mit Lichtern, alles lebendig dargestellt.

Endlich wird es dunkel, die Sonne geht purpurn unter, die Sichel des Mondes erscheint am Himmel.

Zu den besten gezeigten Szenen gehört die Schlossruine am Meer, mit ziehenden Wolken und dem bald durch sie verhüllten, bald durch sie hindurch brechendem Mond, eine sich plötzlich mit Menschen füllende Kirche und ein rauschender Wasserfall. Die Vielzahl der Eindrücke lässt den Besucher manche liebevoll gestaltete Einzelheit kaum wahrnehmen. So sieht man Rauch aus dem Schornstein eines Dampfschiffes aufsteigen, Geschütze entladen sich, Blitze zucken, Fische schwimmen im Wasser und Vögel fliegen umher. Perfekte Illusionen in Schwerin auf dem Schelfmarkt, lange vor dem ersten in der Stadt gezeigten Film.

Zu jener Zeit, als der Spiritismus noch weit verbreitet ist, dürfte auch die Zahl der Schweriner, die noch an Geister glaubten, nicht gerade gering sein. Das ruft sogenannte Antispiritisten auf den Plan, Zauberkünstler, die ihre Kunststücke dem Publikum nicht als von Geisterhand geschaffen unterschieben, sondern durch ihre Kunstfertigkeit oder ihre eigenen übernatürlichen Kräfte erklären. Dicht aufeinander folgend treten zwei von ihnen im Frühjahr 1885 im Hotel du Nord auf.

Hotel du Nord in der Schloßstraße (Quelle: Ansichtskartensammlung von Andreas Bendlin)

Mr. Stuart Cumberland, der schon einige Berühmtheit erlangt hat, präsentiert sich am 9. Januar im Saal des Hotels du Nord. Unter anderem entlarvt er das sogenannte Geisterklopfen als Betrug. Er bringt dieses geheimnisvolle, von Spiritisten den Geistern, die man zitiert habe, zugeschriebene Klopfen, welches je nach der Zahl der Schläge Bejahung oder Verneinung einer an die Geister gerichteten Frage darstellen soll, mehrmals durch eine für niemanden sichtbare Bewegung seiner großen Zehe hervor. Auch mit anderen Experimenten und Taschenspielertricks versucht er, das Publikum zu überzeugen, dass es keiner Geister bedarf, um Außergewöhnliches oder Mysteriöses zu leisten. Versteckte Gegenstände aufzufinden ist seine Spezialität. Ein Herr aus dem Publikum versteckt eine Krawattennadel hinter einer Fenstergardine, selbstverständlich in Abwesenheit Cumberlands. Dieser betritt den Raum mit verbundenen Augen, ergreift die Hand des Herrn und legt sie sich gegen die Stirn. Nach einigen Sekunden des Nachsinnens bewegt er sich auf die Fensterfront zu und findet natürlich die Nadel. Dieses Kunststück beherrscht auch Charles Bellini, der keine vier Wochen später im selben Lokal auftritt.

Auch sein weiteres Programm ähnelt dem Cumberlands. Sein Spezialgebiet ist aber die Entfesselungskunst. Fesseln aller Art sind für ihn kein Problem, sogar aus einem fest zugeschnürten Sack kann er sich mühelos befreien

Niendorffs Hotel in der Wilhelmstraße (Quelle: Ansichtskartensammlung des Autors)

Auch in Niendorffs Hotel in der Wilhelmstraße stellen sich Zauberkünstler kurz hintereinander ein. Im November 1895 ist das Künstlerpaar Señor Arbaff und Señora Izabell, vom Coliseu dos Recreios in Lissabon, zu Gast, das sich gerade auf Europatournee befindet. Arbaff führt im ersten Teil des Abends seine Zauberkunststücke vor. Danach lässt Señora Izabell, gekleidet in ein fantastisches Kostüm, allerlei Gegenstände in der Luft tanzen, zaubert aus einer leeren Tonne einen Geist und eine Schlange hervor und lässt sich zur wirklichen Verblüffung des Publikums plötzlich verschwinden, um an einer anderen Stelle des Saales wieder aufzutauchen.

Vier Wochen später ist eine deutsch-amerikanische Künstlergesellschaft in Niendorffs Wintergarten zu Gast. Miss Anni Johnson und die Herren Davis und Williams produzieren sich vor allen Dingen auf dem Gebiet des Gedankenlesens, der Hellseherei, der Suggestion und des Spiritismus.

Den Wintergarten hatte Adolf Niendorff mit einem großen Konzert der Jägerkapelle am 18. Januar 1890 eröffnet. Der Saal, der sich von der Hinterfront des Hauses bis weit in den Garten hinein erstreckt, fasst mehrere Hundert Plätze. Seine bogenförmige, in Holzkonstruktion ausgeführte Decke, ist mehrfach von Glasfenstern durchbrochen. Die Schweriner sind des Lobes voll, bemängelt wird lediglich eine fehlende Ventilation, was sich bei den vielen Zigarren rauchenden Herren in jener Zeit sicherlich unangenehm auswirkt. 1895 legt Adolf Niendorff die Direktion aus gesundheitlichen Gründen nieder und verpachtet das Hotel an Diederich Wilrodt Schröder, einen Gastronomen mit internationaler Erfahrung.

Immer wieder gern besucht werden auch Menagerien, die in Schwerin Station machen. Menagerien gelten als Vorläufer der Zoologischen Gärten. Seit Mitte des 18. Jahrhunderts ziehen Wandermenagerien durch Europa und stellen exotische Tiere zur Schau. Anders als in Zoologischen Gärten finden in Menagerien auch Dressurvorführungen statt. Und nicht immer wollen die Raubtiere so, wie sie sollen. Als der selbst ernannte weltberühmte Tierbändiger Kleeberg mit seiner Menagerie im Mai 1871 auf dem Luisenplatz gastiert, muss die Vorstellung mit dem Löwen ausfallen, weil der gerade etwas bösartig ist.

Brenzliger wird es da schon 1864 auf dem Alten Garten. Dort hat Kreutzbergs Menagerie für ein paar Tage ihr Lager aufgeschlagen. Gottlieb Christian Kreutzberg bereist mit seiner Menagerie Mitte des 19. Jahrhunderts vor allem größere deutsche Städte, ist aber auch in Schweden und Russland unterwegs. Neben Großkatzen und Dickhäutern gehören auch Antilopen, Giraffen und Gürteltiere zu seinem Bestand. Um für sich Reklame zu machen, führt er schon mal kleinere Raubkatzen öffentlich auf den Straßen spazieren. Das wird man ihm in Schwerin, wo er sich keineswegs nur Freunde erworben hat, kaum erlaubt haben. Der üble Geruch, der sich auf dem Alten Garten ausbreitet, erregt Anstoß. Auch wird behördlicherseits der Direktion verboten, lebende Tiere im Beisein des Publikums zu verfüttern.

Außerhalb der Öffnungszeiten werden den Hyänen, Bären und Raubkatzen aber nach wie vor lebende Lämmer in den Käfigen zum Fraß vorgeworfen werden. Und nicht nur das sorgt für Unmut. Am 23. Juni, nachmittags gegen 15.30 Uhr, gelingt es einem Leoparden, aus seinem Käfig zu entfliehen. Und das kann leicht zu einer Katastrophe führen. Jeden Nachmittag hält sich auf dem Platz eine große Anzahl neugieriger Schulkinder sowie Kindermädchen mit ihren Schützlingen auf. Die Wärter können aber durch Lärm und Geschrei das Tier einschüchtern und unter einen Wagen drängen. Mit Säcken, Strohballen, Brettern und Eisengittern kann der Bereich abgesperrt werden. Nach Stunden gelingt es, den so verbarrikadierten Leoparden wieder in seinen Käfig zu locken. Ende gut, alles gut. Aber die Wahrscheinlichkeit, in Schwerin von einem wilden Raubtier gerissen zu werden, ist und bleibt doch eher gering.

Alter Garten, Hoftheater und Schlossbrücke
(Quelle: Ansichtskartensammlung von Andreas Bendlin)

Pleiten, Pech und Pannen

Was einem Schweriner in der zweiten Hälfte des 19. Jahrhunderts so alles widerfahren kann, zeigt ein Blick auf das Jahr 1875. Ob dieses Jahr wie jedes andere wird oder auch nicht, wer weiß das schon in jener Silvesternacht 1874. Schlimme Ereignisse werfen ihre Schatten voraus und die Vorzeichen verheißen nichts Gutes. Wie jedes Jahr versammeln sich zahlreiche Schweriner um Mitternacht auf dem Marktplatz, um sich ein gesundes und glückliches neues Jahr zu wünschen. Plötzlich verstummt die Menge. Ein Leichenwagen biegt auf den Platz ein, überquert ihn, und fährt weiter in Richtung Neuer Friedhof. Ein böses Omen für das neue Jahr?

Zu allem Überfluss beginnt wenige Minuten später auch noch das Rathaus zu brennen. Starker Qualm steigt auf und füllt den Platz. Die Brandwache ist schnell zur Stelle und kann löschen. Zum Glück hat nur der Schornstein gebrannt, aber für einen großen Teil der Bevölkerung steht fest, die Stadt wird 1875 von einem großen Brand oder einer verheerenden Seuche heimgesucht werden. Von epidemischen Krankheiten bleibt die Stadt allerdings verschont. Einzig die Diphtherie, eine durch Bakterien verursachte, häufig lebensgefährliche Infektionskrankheit, grassiert und forderte manches Opfer, vorwiegend Kinder. Aber die Gefahren lauern überall.

Immer wieder kommt es zu Haus- und Wohnungsbränden. Offenes Feuer ist die übliche Licht- und Energiequelle. Petroleumlampen beginnen sich gerade erst durchzusetzen. Wie wenig verbreitet das Wissen um brennbare Flüssigkeiten ist, zeigt ein Vorfall in der Wittenburger Straße. Ein dort dienendes Mädchen meint, dem Feuer im Küchenherd etwas nachhelfen zu müssen, indem es Petroleum in die offene Flamme gießt. Augenblicklich steht alles in hellen Flammen. Der Hausherr ist sofort zur Stelle und kann löschen. Das Mädchen trägt erhebliche Brandwunden an Gesicht und Händen davon, auch Haare und Kleider sind versengt oder verbrannt.

Mitunter werden auch ganze Häuser in Asche gelegt. Im März brennt das Warenlager des Kaufmanns Karstadt in der Schmiedestraße aus. Am Morgen des 27. Juli bricht im Haus des Kaufmanns Voß auf dem Großen Moor Feuer aus. Nur mit Mühe können sich die Bewohner aus den oberen Etagen in Sicherheit bringen. Leutnant von Lücken macht noch den Versuch, den wertvollen Schmuck seiner Mutter zu retten, bricht aber mit der

Kaufhaus Karstadt in der Schmiedestraße
(Quelle: Ansichtskartensammlung von Andreas Bendlin)

angestellten Leiter zusammen und stürzt herab. Die Mannschaften für die Spritzenpumpen reichen nicht aus und die Nachbarhäuser beginnen be-

Großer Moor (Quelle: Ansichtskartensammlung des Autors)

reits Feuer zu fangen, als 50 Mann Militär, zum Pumpen kommandiert, auf der Brandstelle eintreffen. Nach vier Stunden ist die Gefahr gebannt.

Und noch einmal schrillen die Alarmglocken. Am 10. Dezember brennt die Werkstatt des Wagenfabrikanten Wilhelm Wentzel im Hinterhaus in der Wismarschen Straße 27. Als die erste Spritze der Freiwilligen Feuerwehr am Brandort erscheint, haben die Flammen bereits das Vorderhaus ergriffen. Der Bodenraum der Werkstatt dient als Aufbewahrungslager für Torf, dem Heizmaterial der Bewohner des Vorderhauses. Der brennende Torf entwickelt derartigen Qualm, dass er die Löschmannschaften fast ersticken lässt. Im Minutentakt müssen sie sich ablösen. Erst als die Werkstatt zusammenstürzt, kann der Brand eingedämmt werden.

Eine Gefahr birgt auch der unsachgemäße Umgang mit den Zimmeröfen. Selbst im 21. Jahrhundert gibt es in Deutschland jährlich über 200 Tote, die einer Kohlenmonoxid-Vergiftung zum Opfer fallen. Das zu frühe Schließen der Ofenklappen fordert im November in der Waisenstraße beinahe vier Opfer. Dem Arzt gelingt es nur mit besonderen Anstrengungen, die aus zwei Erwachsenen und zwei Kindern bestehende Familie zu retten. Ähnlich ergeht es einer Familie in der Neustadt. Der Aufschrei eines Kindes weckt die Mutter. Das Zimmer ist bereits voller Rauch und erstickender Gase. Mit letzter Kraft gelingt es der bereits benommenen Frau, sich nach der Tür zu schleppen und Hilfe zu holen.

Opfer von Verkehrs- und Bootsunfällen sind 1875 nicht zu beklagen. Problematisch gestaltet sich aber eine Fahrt des Dampfers „Pfeil" nach Kleinen, seit 1915 Bad Kleinen, im August. Im Kanal zwischen dem Schweriner Innen- und Außensee läuft der „Pfeil" auf Grund. Erst nach vier Stunden und nachdem die etwa hundert Passagiere evakuiert sind, gelingt es, das Boot wieder flott zu machen. Gegen neun Uhr abends erreichen die Ausflügler Kleinen. An eine Rückfahrt mit dem „Pfeil" ist aus Sicherheitsgründen nicht zu denken. Der ausgelassenen Stimmung tut das keinen Abbruch. Nach ausgiebiger Stärkung in der geräumigen Bahnhofsrestauration bringt der 23-Uhr-Zug die fröhliche Gesellschaft wohlbehalten nach Schwerin zurück. War die Grundberührung noch glimpflich abgelaufen, hätte ein Zwischenfall vier Wochen später ernsthaftere Folgen haben können.

Es ist Sonntag, der 12. September 1875. Das schöne Wetter lockt zahlreiche Spaziergänger in die Ausflugslokale. Auch die Dampfschiffe sind voll besetzt und müssen Extratouren fahren.

Als der vom Kaninchenwerder kommende „Pfeil“ Zippendorf ansteuert, stößt er mit dem gerade abfahrenden Dampfer „Paul“ zusammen. Durch den Aufprall stürzt ein Passagier ins Wasser, kann aber gerettet werden. An Bord herrscht große Aufregung, doch können beide Schiffe ihre Fahrt ohne größere Schäden fortsetzen.

Unfälle mit Pferdefuhrwerken, die damals so häufig vorkommen, gibt es 1875 keine nennenswerten. Lediglich am Sonntag, dem 10. Januar, gehen einem Fuhrmann in der Apothekerstraße die Pferde eines mit leeren Körben beladenen Wagens durch. Erst in der Lützowstraße gelingt es, das Fuhrwerk zum Stehen zu bringen. Menschen kommen nicht zu Schaden, die Ladung aber hat sich über die ganze Straße verteilt.

Von größeren Unwettern und schweren Gewittern werden die Schweriner nur einmal, am Nachmittag des 2. Juli, heimgesucht. In den Wohnungen wird es stockdunkel. Grelle Blitze folgen Schlag auf Schlag. Das Haus des Wildhändlers Peters in der Apothekerstraße wird getroffen. Ebenso die Häuser Hospitalstraße 8 und Feldstraße 7. In allen drei Häusern hinterlässt der Blitz Spuren der Verwüstung. Menschen werden umgeworfen und betäubt. Durch den wolkenbruchartigen Regen wird ein Teil der Lübecker Straße unter Wasser gesetzt. Keller werden überflutet und das

Ziegenmarkt (Quelle: Ansichtskartensammlung von Andreas Bendlin)

Wasser dringt bis in die Wohnräume. Und die Feuerwehren sind pausenlos im Einsatz, um das Wasser wieder abzupumpen.

Mensch und Tier leben noch eng beieinander in jener Zeit. Das führt natürlich zu Konflikten. Am 30. Januar wird eine Kuh zum Schlachter geführt. Auf dem Ziegenmarkt reißt sie sich los, stößt einen Mann und eine Frau um und rennt den Weg zurück, den sie gekommen war. In der Nähe der Jägerkaserne gerät ihr ein Jugendlicher vor die Hörner, sie schleudert ihn beiseite, wenig später ereilt einem zweiten dasselbe Schicksal. Als Nächstes nimmt die Kuh drei Frauen, die vom Holzsammeln kommen, ins Visier. Eine kann nicht schnell genug beiseitespringen und landet im Graben. Endlich gelingt es einem Jäger, dem wilden Treiben ein Ende zu setzen.

Nur wenige Wochen später wird wieder eine Frau, mit einem mit Flachs beladenen Handwagen aus Medewege kommend, von einer ihr entgegenlaufenden Kuh angegriffen. Sie versucht, sich hinter ihrem Wagen in Schutz zu bringen, was aber nicht die beste Idee ist. Denn den hat die Kuh im Handumdrehen auf die Hörner genommen und zertrümmert, mag sich aber mit der nun ihr nahes Ende wähnenden Frau nicht mehr abgeben und sucht das Weite. Solche Zwischenfälle sind keine Seltenheit. Das auf den umliegenden Dörfern gekaufte Schlachtvieh kommt gestresst und erschöpft in Schwerin an. Schon ein kläffender Straßenköter reicht, um die Kühe Amok laufen zu lassen.

Dass Menschen sich nicht mögen, passiert in den besten Kreisen. Selbstverständlich kommt es auch in den unteren Bevölkerungsschichten zu Zerwürfnissen, die auf die eine oder andere Art geregelt werden müssen. Ein Fall von Selbstjustiz der brutalsten Art ereignet sich am Donnerstag, dem 14. Januar, in der Knaudtstraße. Arbeitsmann Wilhelm Untzelmann und Maurergeselle Heinrich Schultz wohnen im selben Haus und geraten immer wieder aneinander. Am besagten Donnerstag eskaliert der Streit. Untzelmann gelangt zu der Überzeugung, dass es das Beste wäre, sich des Problems zu entledigen, indem er sich seinen Nachbarn vom Hals schafft. Zu diesem Zweck fertigt er sich eine Keule an, indem er einen dicken Knüppel am Kopfende aushöhlt, mit Blei füllt und mit Nägeln spickt. Sein Opfer überrascht er auf dem Hof beim Holzhacken.

Schultz kann den Angriff parieren, Untzelmann kommt seine Keule abhanden, gelangt aber an Schultzens Beil, und schlägt ihm damit über den Schädel. Man glaubt den Schwerverletzten auf den Tod verwundet. Nach einigen Wochen erholt er sich wieder, ihm bleibt ein entstelltes Gesicht.

Untzelmann rühmt sich öffentlich seiner Tat, wird verhaftet und wegen schwerer Körperverletzung zu 16 Monaten Gefängnis verurteilt.

Auch prominente Bürger der Stadt bleiben von Missgeschicken nicht verschont. Hofbaumeister Demmler ist mit dem Umbau des Schauspielhauses betraut. Am Sonnabend, dem 4. September, begibt er sich auf die Baustelle, um Anordnungen zu treffen. Beim Passieren eines mit Brettern

Restaurant Tannenhof (Quelle: Ansichtskartensammlung von Andreas Bendlin)

überlegten Grabens bricht er ein und verschwindet in der Tiefe. Die sofort herbeigeeilten Arbeiter befreien ihn aus seiner misslichen Lage. Linker Oberschenkel und rechter Arm werden stark in Mitleidenschaft gezogen. Die nächsten Wochen muss er den Bau vom Krankenbett aus leiten.

Schlimmer ergeht es Böttchermeister Fett, Großvater der später zu einiger Bekanntheit gelangten Schweriner Dichterin Dorothea Boettcher. Auf dem Ostorfer Hals, heute allgemein Paulshöhe genannt, befindet sich die Restauration Tannenhof. Gastwirt Meyer veranstaltet an den Wochenenden Tanzkränzchen. Werktags geht es weniger romantisch zu, einem guten Trunk ist hier keiner abgeneigt. Es ist Donnerstag, der 30. September. Böttchermeister Fett hat sich mit zwei Freunden auf den Heimweg begeben. Gegen 23 Uhr kommen die drei im unbeleuchteten Schlossgarten vom Weg ab und stürzen in den rechts neben dem Grünhausgarten liegenden Kreuzkanal. Fetts Begleiter können sich schnell herausarbeiten, Fett bleibt verschwunden. Hastig eilen die beiden zur nahe gelegenen Schlosswache, um Hilfe zu holen. Vergebliche Mühe, die Wache darf ihren Posten nicht verlassen. Zurück geht's Richtung Tannenhof. Endlich

Kreuzkanal (Quelle: Ansichtskartensammlung von Andreas Bendlin)

finden sie jemanden, der sie mit einer Laterne zur Unglückstelle begleitet. Sie suchen vergebens. Erst am nächsten Morgen finden Vorübergehende die Leiche in der Nähe der Unglückstelle. Das Wasser ist kaum einen halben Meter tief, allein der Sturz war tödlich.

Ein trauriges Kapitel bilden die Selbstmorde, sie sind keine Seltenheit in jener Zeit. Wirtschaftliche Not und individuelle Ausweglosigkeit treiben manchen zum Äußersten. Ende Mai erhängt sich ein Musiker in seinem Haus in der Jägerstraße. Drei Wochen später wird ein Unbekannter, an einer Linde vor dem Güstrower Tor hängend, gefunden. Wieder drei Wochen darauf erhängt sich ein aus Oldesloe stammender 25-jähriger Zimmergeselle, der in Streit mit seinem Meister geraten war. Häufig wird auch der Tod im Wasser gesucht. Im September ertränkt sich ein unverheirateter Arbeiter im Schweriner See. Am Morgen des 11. Novembers wird im Ziegelsee die Leiche der erst 41-jährigen Witwe Suhrbier gefunden. Sie war unmittelbar hinter dem Hausgarten Landreiterstraße 5 ins Wasser gegangen. Vermutet werden Erbschaftsstreitigkeiten um den Nachlass ihres kürzlich verstorbenen Mannes.

Im Winter sind Eiseinbrüche an der Tagesordnung, nicht selten enden sie tödlich. In der Nacht zu Mittwoch, den 13. Januar, werden von einem Wächter in der Nähe des Burgsees Hilferufe vernommen. In stockdunkler Nacht, nur mit einer Handlaterne versehen, kann er nichts ausrichten. Die Rufe werden immer leiser und verstummen schließlich. Trotz aller Bemühungen wird am Tag keine Leiche gefunden, allerdings wird auch niemand als vermisst gemeldet. Am selben Tag bricht ein Junge auf dem Pfaffenteich ein, kann aber gerettet werden.

Bereits am vorangegangenen Wochenende war es zu mehreren Eiseinbrüchen gekommen. Auf dem sogenannten Beutel brechen nacheinander fünf Schlittschuhläufer ein und werden von in der Nähe beschäftigten Fischern gerettet. Ebenfalls mit dem Leben davon kommen ein Herr und eine Dame in der Nähe des Kaninchenwerders sowie ein Knabe auf dem Burgsee.

In aller Tragik komisch muten häufig die kleinen Missgeschicke an, die uns im Leben passieren. Am Freitag, dem 6. Februar, fällt eine ältere Dame in der Apothekerstraße so unglücklich, dass sie sich ein Bein bricht. Seit Jahresbeginn kommen Unfälle dieser Art ungewöhnlich häufig vor. Wiederholt werden Hausbesitzer aufgefordert, die Gehwege mit Sand oder Asche abzustumpfen.

Dass es im Leben manchmal besonders dumm laufen kann, erfährt ein Offizier des 14. Jägerbataillons. Als er am Abend des 14. August sein Jagdgewehr entladen will, schießt er sich versehentlich durch die Brust. Stabsarzt Dr. Busch ist sofort zur Stelle und versorgt den Verunglückten.

Weniger Glück hat der Zimmergeselle Heinrich Heider, in der Paulsstraße wohnhaft, bei seinen Bemühungen um den Baumbestand in seinem Garten. Im Begriff, einen Fliederbaum zurückzuschneiden, stürzt er herab und erliegt einen Tag später seinen schweren Verletzungen.

Häufig ereignen sich Unfälle mit unbeaufsichtigt spielenden Kindern. Im Januar fällt in der Lübecker Straße ein fünfjähriges Mädchen aus dem Fenster der im dritten Stockwerk gelegenen elterlichen Wohnung. Die Kleine befindet sich alleine in der Kinderstube und benutzt einen unbewachten Augenblick, um auf das Fensterbrett zu klettern. Die Fenster gingen damals noch nach außen auf. Als sie sich an das Fenster lehnt, um besser auf die Straße sehen zu können, springt dasselbe auf und sie stürzt kopfüber hinunter.

Schusswaffen gelangen in jener Zeit leicht in Kinderhände, natürlich oft zum Nachteil derselben. Einige Jungen, noch im kindlichen Alter, spielen am Südufer des Faulen Sees Räuber und Gendarm oder Ähnliches. Das Unglück naht von Seeseite in Person dreier Jugendlicher in einem Kahn, mit Schrotflinten bewaffnet. Auf den Zuruf der Älteren, sie sollen machen, dass sie wegkommen, reagieren die Kleinen nicht. Was folgt, mutet an wie eine Episode aus dem Wilden Westen. Einer der Älteren eröffnet das Feuer und verletzt drei der Kleinen an Kopf, Schulter und Beinen. Er wird später dafür zur Rechenschaft gezogen.

Auch Badeunfälle mit Kindern kommen vor. Am Dienstag, dem 17. August, baden mehrere Knaben im Ziegelsee am Werder. Ein Achtjähriger wagt sich zu weit hinaus, verliert den Boden und ruft um Hilfe. Einige Grenadiere, die gerade von ihren Schießübungen heimkehren, eilen auf das Rufen herbei. Einem Soldaten gelingt es, den Knaben aus dem Wasser zu ziehen, doch bleiben alle Versuche, ihn zu reanimieren, erfolglos.

Bei Volksfesten und Veranstaltungen mit größeren Menschenansammlungen werden heutzutage besondere Sicherheitsvorkehrungen getroffen. Auf Schießanlagen von Schützenvereinen gelten besondere Sicherheitsvorschriften. 1875 nimmt man es noch nicht so genau damit. Beim jährlichen Königsschießen auf dem Schelfwerder geschieht dann das Unfassbare. Ein Zuschauer wird erschossen und niemand merkt es. Bockholdt, ein

Restauration Schelfwerder (Quelle: Ansichtskartensammlung des Autors)

Dienstmann aus Rostock, ist geschäftehalber auf der Durchreise nach Redefin, in Schwerin bei Freunden eingekehrt. Ein Schuss trifft ihn unterhalb der Kinnlade in den Kopf. Die Leiche wird erst entdeckt, als sie schon kalt und starr ist. Wie er auf den unglücklichen Einfall kam, hinter den Zielscheiben der Schießstände umherzuspazieren, bleibt sein Geheimnis.

Bleibt noch eine Posse zu erwähnen, die sich ihres grotesken Eindrucks nicht erwehren kann, und die Beamten- und Dienerschaft des großherzoglichen Hauses in Aufregung versetzte. Ein adliger Rittergutsbesitzer eines nahen Gutes begibt sich Anfang Dezember in das Staatsministerium, lässt sich beim Staatsminister Graf Henning Friedrich Carl von Bassewitz melden, um den Grafen für abgesetzt zu erklären. Er erklärt der

Sachsenberg (Quelle: Ansichtskartensammlung des Autors)

verdutzten Exzellenz, er sei jetzt Großherzog und habe einen anderen Herrn zum Minister ernannt. Daraufhin begibt er sich in das Großherzogliche Schloss und führt sich hier in ganz ähnlicher Weise auf. Als man seiner habhaft wird, übergibt man ihn der Irrenheilanstalt auf dem Sachsenberg.

Glück im Unglück, oder auch nicht

Ob es ein glückliches oder unglückliches Jahr war, bleibt von der subjektiven Auffassung und dem Schicksal jedes Einzelnen bestimmt. Glück und Leid liegen, auch nicht anders als heute, dicht beieinander. Auch die vehement einsetzende Industrialisierung, der unsachgemäße Umgang mit Maschinen, fehlende Sicherheitseinrichtungen und der Genuss von Alkohol kosten Menschenleben. Auf Baustellen genauso wie in Industriebetrieben wie auch in der Friedrich-Franz-Eisenbahn.

Der Siegeszug der Eisenbahnen im industriell aufstrebenden 19. Jahrhundert machte auch vor Mecklenburg nicht halt. Bereits 1847 wurde die Strecke Schwerin–Hagenow als erste im Großherzogtum Mecklenburg-Schwerin für den Verkehr freigegeben. An den Haltepunkten entstanden die ersten Bahnhofsbauten, anfangs klein und unscheinbar, wichen sie bald repräsentativen, aufwendig gestalteten Empfangsgebäuden.

Bahnhofsgebäude, erbaut 1847.
Nach Photographie.

Altes Bahnhofsgebäude in Schwerin (Quelle: Dr. Wilhelm Jesse, Schwerin 1920, Bd. 2)

Das heutige Empfangsgebäude des Schweriner Bahnhofs wurde 1890 eröffnet, sein Vorgängerbau aus dem Jahr 1847 konnte dem rasanten Anstieg der Fahrgastzahlen nicht mehr genügen. Es war ein im romantisch spätklassizistischen Stil errichteter zweigeschossiger Mittelbau mit eingeschossigen Seitenflügeln, hinter welchen den Reisenden ein einziger Bahnsteig zur Verfügung stand. Das Treiben dahinter blieb den meisten Passagieren verborgen. Da wurden Waggons rangiert und repariert, Waren ein- und ausgeladen, es gab ein Spritzenhaus, eine Viehwaage, Lackiererei, Materiallager, Werkstatt und dergleichen mehr. Dass es bei diesem Industriebetrieb bei den damals noch mangelhaften Arbeitsschutzvorkehrungen auch zu Unfällen kam, liegt auf der Hand.

Es ist Sonnabend, der 13. November 1880. Betriebsschlosser Arfert und Hilfsarbeiter Hadler machen sich auf, am Güterwagen 1602 eine beschädigte Pufferscheibe zu ersetzen. Reine Routine für den über 30 Jahre bei der Eisenbahn beschäftigten Arfert. Drei von vier Schrauben haben die beiden schon gelöst. Arfert stellt sich auf das Gleis, will den Puffer etwas anheben, damit sich auch die letzte Schraube lösen lässt. Die Mühe scheint von Erfolg gekrönt, doch das Unglück naht von hinten. Kaum 50 Meter entfernt machen sich die Güterbodenarbeiter Kuhlmann, Baepernitz und Rose zu schaffen, den vor Tor 1 des Güterbodens stehenden Wagen 1165 vor das Tor 2 zu schieben. Rose und Baepernitz stemmen sich gegen den Wagen. Die wenigen Meter auf ebenem Gelände sind leicht mit Muskelkraft zu bewältigen. Kuhlmann, rechts neben dem Wagen gehend, soll nach vorne absichern. Sie erreichen auch ihr Ziel, Tor 2, rammen aber den hier abgestellten leeren Güterwagen 1654. Dieser rollt jetzt auf die ahnungslosen, in ihre Arbeit vertieften Arfert und Hadler zu. Und Arfert hat keine Chance. Zwischen den Puffern der beiden Waggons wird er regelrecht zerquetscht. Der aus Richtung Kleinen anrollende Waggon prallt zurück und Hadler kann mit Hilfe eines herbeigerufenen Arbeiters den Schwerverletzten bis zur Werkstatt bringen, wo er zusammenbricht. Mit einer Droschke wird er in seine Wohnung am Ziegenmarkt gebracht. Noch am selben Abend stirbt Arfert an innerer Verblutung, hervorgerufen durch mehrere Rippenbrüche sowie die Verletzungen von Milz und Magen.

Unfälle mit tödlichem Ausgang werden einer genauen Untersuchung unterzogen. Im März 1881 findet vor der Strafkammer des Großherzoglichen Landgerichts in Schwerin die Hauptverhandlung statt. Angeklagt sind die drei mit dem Rangieren des Güterwagens beschäftigten Kuhlmann, Rose und Baepernitz, sowie der mit dem Verunglückten bei der Reparatur eingesetzte Hadler. Vorgeworfen wird ihnen, gegen die Dienstvorschrift verstoßen zu haben. Fahrlässig hatten alle vier gehandelt. Insbesondere Hadler hatte es versäumt, entgegen der vom Werkstätten-Vorsteher Neubert erlassenen Anordnung darauf zu achten, dass während der Reparaturarbeiten sich ihnen kein anderer Wagen nähert. Schuld war letztendlich auch Arfert selbst, welcher gegen die Anordnung verstieß, bei Reparaturarbeiten niemals vor den Puffer zu treten. Am Schluss der Verhandlung beantragt Staatsanwalt Giffening die Verurteilung der Angeklagten zu einem Monat Gefängnis und Übernahme der Gerichtskosten. Das Gericht unter Vorsitz des Landgerichtsdirektors von Buchwald entscheidet auf drei Monate Gefängnis. Leidtragende ist letztendlich die Witwe Arfert, die ihren Ernährer verloren hat. Immerhin gibt es schon ein Haftpflichtgesetz, das die Verbindlichkeiten zum Schadenersatz für Körperverletzungen und Tötungen beim Betrieb von Eisenbahnen regelt. Ob alle drei, wie in jener Zeit nicht unüblich, schon vor dem Unfall Alkohol zu sich genommen haben, bleibt dahingestellt.

Ausschank & Brauerei Paulshöhe (Quelle: Ansichtskartensammlung des Autors)

Auch dort, wo der Alkohol hergestellt wird, ereignen sich Arbeitsunfälle. Brauereien gibt es mehrere in der Stadt. Bedeutung erlangen die Brauereien Paulshöhe, Schall und Schwencke und auch die Feldtmannsche Brauerei. Die Arbeitsbedingungen dort dürften alles andere als sicher gewesen sein.

Am Mittwochmorgen, dem 16. September 1881, fällt in der Feldtmannschen Brauerei in der Rostocker Straße der Arbeitsmann Schröder in die Braupfanne und verbrüht sich in der siedenden Flüssigkeit den ganzen Körper. Mittels Tragekorb wird er in das städtische Krankenhaus geschafft, wo er unter schrecklichen Qualen stirbt. Die Witwe bleibt mit drei unversorgten Kindern und einem toten Baby zurück, das einen Tag zuvor gestorben ist.

Feltmanns Bierhalle in der Rostocker Straße (jetzt Hotel „Elefant")
(Quelle: Ansichtskartensammlung von Andreas Bendlin)

Auch die renommierte Weingroßhandlung Uhle bleibt von Arbeitsunfällen nicht verschont. Uhle ist in Schwerin seit Mitte des 18. Jahrhunderts ansässig. Die Firma entwickelt sich zur bedeutendsten Weingroßhandlung Mecklenburgs. Im August 1918 ereignet sich in den Firmenräumen eine schwere Ammoniak-Explosion. Im Untergeschoss des Geschäftshauses in der Engen Straße ist eine Kältemaschine aufgestellt, die zur Fabrikation künstlichen Eises verwandt wird. Durch eine Betriebsstörung tritt Ammoniak aus. Der bei der Firma seit Jahren angestellte Arbeiter Bockholt versucht noch, die Ventile zu schließen, fällt aber in Ohnmacht. Die Rettungsmannschaften der Feuerwehr dringen mit Gasmasken vor und können den Verunglückten bergen. Seine äußeren Brandwunden sind nicht gefährlich, aber durch das Einatmen der giftigen Gase ist die Lunge schwer mitgenommen.

Enge Straße mit dem Kommodenhäuschen
(Quelle: Ansichtskartensammlung von Andreas Bendlin)

Doch die meisten Unfälle ereignen sich auf Baustellen. Gebäude, die heute das Stadtbild prägen, sind bei ihrer Errichtung oft Schauplatz tragischer Ereignisse. Am Sonnabend, dem 15. Juni 1867, stürzen zwei Arbeiter beim Bau der Paulskirche von einem Baugerüst. Ein 20 Jahre alter Zimmermann aus Bremen ist sofort tot. Sein Kollege aus Görries überlebt den Sturz. Und das ist nicht der erste tödliche Unfall auf dieser Baustelle.

Paulskirche (Quelle: Ansichtskartensammlung des Autors)

Ein halbes Jahr zuvor, am 4. Dezember 1866, besteigen nach dem Mittagessen der Zimmergeselle Ernst Fischer, die Maurergesellen Rehmann und Wendt, sowie die Arbeiter Fröhlich, Pamprin und Lehsten mittels einer Leiter das Baugerüst im Inneren der Kirche. Oben angekommen, stürzt das Gerüst ein und reißt vier von ihnen in die Tiefe. Ernst Fischer ist sofort tot, Rehmann bricht sich einen Arm und ein Bein, Fröhlich erleidet einen doppelten Beinbruch. Der Maurergeselle Wendt kommt mit geringen Verletzungen davon. Die Arbeiter Lehsten und Pamprin können sich an den stehen gebliebenen Rüstbäumen festhalten. Erst nach geraumer Zeit werden sie aus ihrer gefahrvollen Lage befreit.

Auch eine für die Versorgung des Marstalls errichtete Gasanstalt fordert Opfer. Da sich der Baugrund senkt, wird sie 1867, kaum errichtet, noch vor ihrer Inbetriebnahme wieder abgerissen. Eine alleinstehende Wand, die gerade umgestürzt werden soll, fällt zu früh und erschlägt einen Arbeiter.

Auf anderen Großbaustellen geht es glimpflicher ab. Beim Bau des Museums stürzt im September 1879 ein Zimmermann aus großer Höhe herab und bricht sich den Oberschenkel. Beim Durchbau des Kollegiengebäudes fällt ein Maurer in die Tiefe und muss in ein Krankenhaus gebracht werden. Beim Theaterneubau 1884 fallen dem Arbeiter Carl Fock Bauteile auf den Kopf und verletzen ihn schwer.

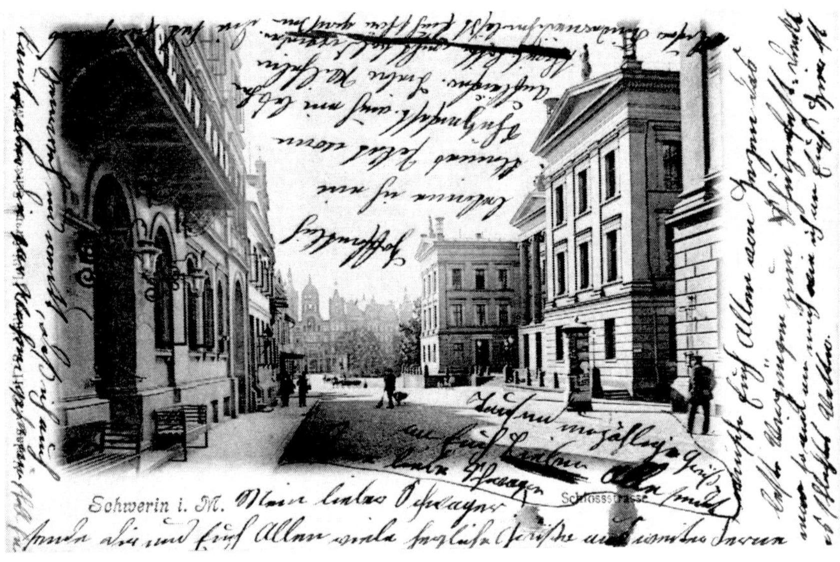

Kollegiengebäude, jetzt Staatskanzlei
(Quelle: Ansichtskartensammlung von Andreas Bendlin)

Bei privaten Bauten kommt es auch schon mal zum Totalverlust. Am frühen Morgen des 13. April 1881 stürzt ein gerade im Bau befindliches, schon drei Stockwerke hoch aufgemauertes Haus in der Fritz-Reuter-Straße ein. Der Bauherr, Herr Hoppe, der gerade zur Besichtigung erscheint, wird sofort erschlagen und verschüttet. Auch ein Steinträger wird schwer verletzt. Hoppe ist auch Bauherr eines Nebenhauses, dessen Weiterbau sofort gestoppt wird. Wie sich herausstellt, stammen die Mauersteine aus einer schon bankrottgegangenen Ziegelei und sind von schlechter Qualität. Durch langes Lagern im Freien dem Frost ausgesetzt, lassen sie sich mit der bloßen Hand zerbröckeln. Auch beim Mörtel, der nur aus Lehm ohne Zusatz von Kalk besteht, hat der Bauherr gespart. Dass Hoppe schon zwei weitere, bereits bezogene Häuser in der Fritz-Reuter-Straße errichtet hat, dürfte den Bewohnern ein paar schlaflose Nächte bereitet haben, denn auch schon bewohnte Häuser stürzen gelegentlich ein.

Ein zu der Kielgast'schen Gärtnerei gehörendes Nebengebäude in der Neustadt stürzt im Juni 1885 in sich zusammen. Da von der Arbeiterfamilie, die das Erdgeschoss bewohnt, niemand zu Hause ist, bleibt es beim Sachschaden.

Glück haben auch die Bewohner eines Hauses am Ziegenmarkt 6, das Gärtner Leonhardt mit seiner Familie bewohnt. An einem Sonnabendabend im Juni 1896 stürzt es unter lautem Getöse in sich zusammen. Das alte vermoderte Gebälk hatte die Last des großen schweren Ziegeldachs nicht mehr tragen können. Herr Leonhardt und seine Frau, die gerade vor der Tür sitzen, kommen mit dem Schrecken davon. Die alte Mutter der Eheleute, welche bereits im Bett liegt, hat Glück im Unglück. Die Decke dieses einen Zimmers hält stand, und sie kann mit Hilfe Herbeigeeilter durch das Fenster gerettet werden.

Wasser hat keine Balken

Die Gewässer der Stadt sind immer wieder Schauplatz tragischer Ereignisse. Kälte, Sturm und Regen, Blitze, Donner und Hagelschauer – charakteristische Merkmale der Witterung im Herbst oder Winter. Aber auch die anderen Jahreszeiten wissen mit vergleichbaren Attributen aufzuwarten. Im Sommer 1884 brechen in Teilen Deutschlands Gewitter los, die es in sich haben. Ein nach Hessen verschlagener Mecklenburger schreibt an die Mecklenburgische Zeitung:

„Vorgestern Nachmittag fiel hier ein furchtbarer Hagelschlag. Eisstücke von der Größe von Hühnereiern habe ich aufgelesen. Fensterscheiben sind nicht viel heil geblieben, es sieht aus, als sei Krieg gewesen. Die Leute, die auf dem Feld gewesen, haben sich platt auf die Erde gelegt, und ihren Kopf mit Kleidern, Sand und Schmutz bedeckt. Die Kühe waren mit Beulen bedeckt, als hätten sie die Pocken."

Auch aus der benachbarten Provinz Brandenburg laufen Schreckensmeldungen ein. „Weizen, Gerste, Hafer liegen wie zu Boden gestampft. Bäume und Telegrafenstangen sind über die Schienen geworfen. Sämtliche Gartengemüse sind vernichtet. Die Pflaumen bedecken gleich Pflastersteinen die Gärten und Alleen."

Schwerin wird von ähnlichen Wettererscheinungen nicht verschont bleiben. Unheimliche Vorboten auf das, was auf die Stadt zukommen wird, zeigen sich am 11. Juli. Schon seit Tagen ist es schwülwarm, kaum weht Wind. Freitagnachmittag: Der Himmel ist mit schweren, tief hängenden Wolken bedeckt und zeigt sich tiefschwarz. Gelegentlich donnert es, ein Gewitter scheint unausbleiblich. Über dem Ostorfer See senken sich an zwei Stellen die Wolken trichterförmig bis auf die Wasseroberfläche, saugen das Wasser in die Höhe, wenig später löst es sich als Platzregen wieder auf. Das Phänomen wiederholt sich auf dem Schweriner See in noch größerem Ausmaß. Ein Augenzeuge vergleicht die Größe der unheimlichen Wolke mit der Größe des Alten Gartens. Sie wirbelt viel Wasser auf, bewegt sich aber nur sehr langsam. Alte Schweriner meinen, vor 50 Jahren letztmalig dieses Phänomen auf dem Großen See, wie der Schweriner See damals noch genannt wurde, beobachtet zu haben. Diese Naturerscheinungen, Wasserhosen genannt, sind nichts Geringeres als Tornados, räumlich begrenzte Wirbelstürme über einem großen Gewässer. Ihr Entstehen verdanken sie großen Temperaturgegensätzen zwischen Wasser und Luft. Auf dem Schweriner See wimmelt es zu jeder Tageszeit von

Wasserfahrzeugen. Lastenkähne mit Gütern aller Art, vornehmlich mit Baumaterialien beladen, kreuzen hin und her. Auch Freizeitkapitäne bevölkern den See. Da sich die Wasserhose aber schon nach wenigen Minuten wieder auflöst, kommt niemand zu Schaden.

Das heftigste Gewitter dieses Sommers erreicht die Stadt am 16. Juli. Bereits am Nachmittag beginnt der Himmel, sich zuzuziehen. Von Westen her ziehen dichte Haufenwolken heran. Als um 19 Uhr das Gewitter losbricht, ist die Stadt wie leer gefegt. Wer sich noch auf der Straße zeigt, wird von der Wucht des Orkans umgeworfen. In der Apothekerstraße reißt ein Blitz ein Dienstmädchen zu Boden. Das Mädchen trägt keine Verletzungen davon, bleibt aber stundenlang benommen, unfähig auch nur ein Wort hervorzubringen. Anders als zu erwarten war, gibt es keine großen Schäden in der Stadt. Aber vielen stellt sich die bange Frage: Was ist auf dem Schweriner See passiert?

Noch zur Mittagszeit ist der See mit Kähnen und Freizeitbooten dicht befahren. Als das Unwetter heranzieht, sucht jeder sich in Sicherheit zu bringen. Wer es bis zur Stadt nicht schaffen konnte, hat sich nach dem Kaninchenwerder geflüchtet. Die vom Unwetter überraschten Dampfer „Paul“ und „Pfeil“ können kaum noch manövrieren. Die Sicht ist gleich null, Blitz auf Blitz geht nieder und Hagelkörner, groß wie Walnüsse, zertrümmern die Scheiben der Kajüten. Letztendlich geht auch hier alles gut aus. Umsichtiges Handeln der Bootsführer verhindert Schlimmeres.

Dass die Sorgen nicht unbegründet sind, zeigt ein Vorfall, der erst wenige Tage zurückliegt. Es ist Donnerstag, der 10. Juli 1884. Schiffer Jannsen betreibt in der Werdervorstadt einen Bootsverleih. Ein sich auf Urlaub befindender Matrose leiht sich das Kielboot „Martha“ für eine Vergnügungstour mit seinem Mädchen und einem Bekannten. Jannsen plant, mit diesem Boot in zwei Wochen an der ersten Schweriner Segelregatta teilzunehmen, ahnt zu diesem Zeitpunkt aber nicht, dass er seine „Martha“ so nicht wieder sehen wird.

Auf dem Kaninchenwerder wird ein Halt eingelegt und die Ausflügler erfrischen sich in der Gastwirtschaft. Als sie sich auf den Heimweg machen, schließt sich ihnen der Kaufmann Ernst Gaedt an, Inhaber eines Strohhut- und Putzwarengeschäfts in der Schmiedestraße. Der Wind weht mittelstark aus östlicher Richtung. Noch befindet sich das Boot unter Land unweit des Schilfgürtels, als die Segel von einer Bö erfasst werden, das Boot legt sich auf die Seite und kentert. Gaedt, ein geübter Schwimmer, strebt nach der Insel zurück. Der Matrose hat Mühe, seine Geliebte über

Kaninchenwerder mit Restauration (Quelle: Ansichtskartensammlung des Autors)

Wasser zu halten. Auf die Idee, sich an das noch nach Stunden im Wasser treibende Boot zu klammern, kommt niemand. Gastwirt Klöers, der eben in Begleitung des Fuhrmanns Hafemeister von einer Vergnügungstour nach der Fähre zurückkehrt, bemerkt den Unfall und steuert unverzüglich auf die Unglückstelle zu. Klöers, ein begeisterter Segler, weiß sein Schwertboot „Sophie“ auch bei schwierigem Wetter sicher zu führen. Unter vielen Mühen gelingt es, den Matrosen, der sich kaum noch über Wasser halten kann, mit seiner Dame und deren Begleiter zu retten. Für Gaedt kommt jede Hilfe zu spät. Als die Retter sich ihm zuwenden, versinkt er, von allen Kräften verlassen, in den Fluten. Eine Woche später wird seine Leiche an der Stelle, wo er ertrunken ist, dicht am Schilfgürtel an der Oberfläche schwimmend, gefunden.

Unfälle wie dieser bleiben leider keine Seltenheit. Fehlverhalten und mangelhafte Ausrüstung sind häufig die Ursache. Unverständlich auch, wie viele Nichtschwimmer sich immer wieder auf den See hinauswagen. Und nicht selten ist auch Alkohol im Spiel.

Drei jungen Burschen, dem Steinhauer Allerding, dem Zigarrenhändler Krüger und dem Posamentier Bergmann, wird der übermäßige Genuss geistiger Getränke am Donnerstag, dem 25. Juli 1895, zum Verhängnis. Nach ihrer Musterung zum Militärdienst verbringen die drei noch ein paar feuchtfröhliche Stunden in der Stadt. Irgendwann verfallen sie auf die Idee, noch eine Spritztour mit dem Boot, vielleicht zu einer der am Schweriner See gelegenen Restaurationen, zu machen. Als sie gegen 6 Uhr abends unter Singen und Johlen aus einem geschützten Kanal in der Nähe der Badeanstalt Kalkwerder auf den offenen See hinausfahren, verlieren sie bei starkem Seegang die Kontrolle über das Boot und kentern. Auf ihre Hilferufe eilen der Bademeister Lange und der Barbier Jochens, die beide das Geschehen beobachtet haben, sofort zur Hilfe. Als sie an der Unglücksstätte ankommen, ist einer der jungen Leute schon verschwunden. Zwei schwimmen noch, bis zuletzt sich nur noch einer über Wasser halten kann. Als die Retter ihn schon fast greifen können, versinkt auch er in der Tiefe. Nur ein Hund, der mit im Boot saß, kann gerettet werden.

Ruderklub Obotrit (Quelle: Ansichtskartensammlung von Andreas Bendlin)

Schwer nachvollziehen lassen sich die zahlreichen Bootsunfälle der geschulten Mannschaften der Rudervereine. Am Sonntagnachmittag, dem 7. Januar 1912, machen sich der Kaufmann Gieselmann, Techniker Jaeger und der Banklehrling Schellhaß, alle drei Mitglieder des Ruderclubs „Obotrit", zu ihrer Eierfahrt nach Kaninchenwerder auf. Die Eierfahrt ist ein beliebter Brauch, bei dem sich die Mitglieder der Rudervereine darin überbieten, als Erste bei einer der in der Saison viel besuchten am Wasser gelegenen Restaurationen anzulegen. Dort wird die erste Crew für gewöhnlich von den Gastwirten gratis mit Eiern bewirtet. Das Wetter lässt nichts Gutes ahnen, und noch von Land aus versucht ein älteres Klubmitglied, die Ruderer zur Umkehr zu bewegen. Kaninchenwerder erreichen sie glücklich, trinken Kaffee und verspeisen die ihnen spendierten Eier.

Partie bei Kaninchenwerder (Quelle: Ansichtskartensammlung des Autors)

Da das Wetter sich inzwischen zusehends verschlechtert hat, bietet die Gastwirtin Friederike Offen ihnen an, sie mit dem Motorboot nach Zippendorf bringen zu lassen. Auch vom Bootshaus Obotrit erfolgt ein Anruf, der sie eindringlich vor der Rückfahrt warnt. Sie schlagen alle Warnungen in den Wind und schon bald, nachdem sie die Insel verlassen haben, setzt heftiges Schneetreiben ein. Auch in Zippendorf ist man bereits von dem waghalsigen Unternehmen informiert, und vom Ufer hört man schon bald ihre anhaltenden Hilferufe. Das einzige seetüchtige Motorboot am Ort ist nicht einsatzbereit und so wird wieder nach Kaninchenwerder telefoniert. Sofort wird von dort aus die Suche eingeleitet, aber die Sicht ist schlecht und alles Hin- und Herfahren erweist sich als vergeblich. Noch am Abend werden Kleidungsstücke der Verunglückten an Land gespült. Wahrscheinlich haben sie sich dieser entledigt, um sich schwimmend ans Ufer zu retten. Die Leichen von Jäger und Gieselmann werden zwei Tage später, keine hundert Meter vom Zippendorfer Strand entfernt, aufgefunden, die des Schellhas soll nie wieder aufgetaucht sein.

Auffällig ist, dass immer wieder die jüngeren Ruderer verunglücken. Am 21. Mai 1905, einem Sonntag, machen sich sechs junge Leute in einer Vierer-Gig des Ruderklubs „Vorwärts“ auf zu einem Ausflug nach der Fähre und wohl auch noch weiter. Mit an Bord auf dem sowieso schon überladenen Boot ein großer Pudel.

Während der Rückfahrt auf der Höhe zwischen Kaninchen- und Ziegelwerder wird das Boot bei hohem Wellengang voll Wasser geschlagen. Alle verlassen das Boot, einer der Insassen kann sich daran festhalten und mithilfe des Hundes werden noch zwei andere wieder herangezogen.

Blick vom Kaninchenwerder auf Ziegelwerder
(Quelle: Ansichtskartensammlung von Andreas Bendlin)

Zur selben Zeit, es ist 18.30 Uhr abends, legt das Dampfboot „Obotrit“ am nahegelegenen Kaninchenwerder an. Herr Ahlert, Besitzer und Kapitän, nimmt Ausflügler zur Heimreise in die Stadt an Bord. Diese bemerken das Unglück und einige drängen in Ahlert, den im Wasser Treibenden sofort zu Hilfe zu eilen. Ahlert zeigt sich anscheinend unbeeindruckt, setzt seinen Kneifer auf und schaut zur Unglücksstelle. Mit den Worten „da fährt ja schon ein Kahn hin, darin können sie besser gerettet werden als mit meinem großen Dampfer", kassiert er erst alle Wartenden, ca. 60-70 Personen, ab und lässt diese an Bord. Als er endlich ablegt und zu allem Überfluss auch noch in Richtung Schwerin, also der Unglücksstelle entgegengesetzt fährt, macht sich Unruhe unter den Passagieren breit.

Schraubendampfer Obotrit (Quelle: Ansichtskartensammlung von Andreas Bendlin)

Kapitän Ahlert hat seine eigene Sichtweise. „Als ich letzten Sonntag auf der letzten Fahrt mit dem Dampfer Obotrit am Kaninchenwerder lag, um Passagiere aufzunehmen, wurde mir gesagt, dass ein Boot gekentert sei. Ich rief gleich darauf meinen Decksmann herbei, ohne den ich nicht ablegen konnte, da ich selber das Steuer nicht verlassen durfte. Mein ganzer Aufenthalt am Kaninchenwerder hat überhaupt nur drei Minuten gedauert. Da das Schiff in der Richtung nach Schwerin an der Brücke lag, musste ich einen Bogen fahren, um zur Unglücksstelle zu gelangen. Die Passagiere waren zum Teil so aufgeregt, dass man mir auf dem Vorderdeck vielfach im Wege stand und mir das Ablegen im höchsten Grade erschwert wurde. Gottlob ist aber die Rettung trotzdem sehr gut gelungen. Um der Wahrheit die Ehre zu geben, waren es nicht 60 bis 80, sondern höchstens 20 bis 25 Personen, welche am Kaninchenwerder aufstiegen."

Tatsache ist, dass besagter Kahn, gesteuert von zwei kaum dem Knabenalter entwachsenen jungen Leuten, als erster zur Stelle ist. Ihren Aussagen zufolge sehen sie noch zwei der Verunglückten in den Fluten verschwinden, bringen aber wegen des hohen Wellenganges und eines abgebrochenen Dollen nicht die Kraft auf, rechtzeitig heranzukommen. Da ihnen bei ihrem Rettungsversuch auch ein Ruder abhandengekommen ist, bitten Sie, von Herrn Ahlert abgeschleppt zu werden, finden aber kein Gehör. Völlig erschöpft werden die beiden abends neun Uhr bei der Lembckeschen Büdnerei mit dem geretteten Pudel an Land getrieben.

Überhaupt wird dem Ahlert in der Sache so einiges nachgesagt. Zwar bescheinigten ihm einige Ruhe und Besonnenheit, doch wohl von den meisten Fahrgästen werden ihm Unlust und Zeitverzug vorgeworfen. Inwieweit die Anschuldigungen dem Konkurrenzgebaren der drei Dampfbootbesitzer auf dem Schweriner See geschuldet bleiben, sei dahin gestellt. Ahlert, Eduard Jantzen mit seiner „Pribislav“ oder „Großherzogin Alexandra“ und Joseph Bahlke mit „Pfeil“ und „Schwerin“ denunzierten sich gegenseitig und machten sich das Leben schwer.

Dampfer Pribislav (Quelle: Ansichtskartensammlung von Andreas Bendlin)

Wie dem auch sei, gerettet werden konnten nur drei der Verunglückten unter tatkräftiger Mithilfe der Passagiere des Dampfers „Obotrit“, die drei anderen, Postassistent Hambcke, Bautechniker Meitzel und der Bahnbeamte Hamann, finden ihren Tod im See. Um die Toten schnell zu finden, wird das betreffende Gebiet mit einem Anker abgesucht. Einer Crew, je zwei Mann von den Rudervereinen „Vorwärts“ und „Schwerin“, gelingt es eine Woche nach dem Unglück, die Leiche Hamanns zu bergen. Meitzel wird erst am 9. Juni an die Oberfläche getrieben, die Leiche des Postassistenten Karl Hambcke findet man erst vier Wochen nach dem Unglück.

Dieser Bootsunfall mit Todesfolgen war nicht der letzte, aber auch nicht der erste zwischen Kaninchenwerder und Zippendorf. Genau sechs Jahre zuvor, fast an derselben Stelle, ist es schon einmal zu einem tragischen Unglück gekommen. Es ist wieder ein Sonntag, Pfingstsonntag der 21. Mai 1899, und somit traditioneller Ausflugstag der Schweriner. Die Kirchen sind am Morgen gut besucht, doch das nasskalte, sich immer mehr verschlechternde Wetter hält viele von einem Ausflug ab. Einige Unverzagte, vor allem der jüngeren Generation, lassen sich durch nichts abhalten. Vier junge Burschen, Mitglieder des Rudervereins „Schwerin", machen sich am Nachmittag mit ihrer Zweiriemen-Gig auf den Weg nach Kaninchenwerder. Nachdem sie in der dortigen Restauration einige Stärkung zu sich genommen haben, schicken sie sich an, die Heimreise anzutreten. Das inzwischen sich deutlich verschlechternde Wetter hätte sie eigentlich davon abhalten sollen. Trotz eindringlicher Warnungen anderer Gäste treten sie die Rückfahrt an. Nur eine kurze Strecke von der Landungsbrücke entfernt schlägt das nur für drei Personen zugelassene Boot voll Wasser. Vor lauter Panik springen alle vier ins Wasser und schwimmend versucht sich jeder zurück auf die Insel zu retten. Die Kellner der Restauration, die alles mit angesehen haben, eilen den Verunglückten in einem Kahn zu Hilfe. Ironie des Schicksals: Das vollgeschlagene Boot kentert gar nicht. Zwei von ihnen gelingt es, sich am Boot zu halten, bis die Kellner mit ihrem Kahn heran sind. Für Paul Priesemann, Sohn des Tischlers Priesemann aus Schwerin, und Asmus Detlefsen, Kaufmannslehrling aus Tollschlag in Schleswig Holstein, kommt jede Hilfe zu spät. Sie sind schon zu weit abgetrieben und ertrinken.

Die Suche nach den Leichen beginnt nach Pfingsten. Der Ruderverein „Schwerin" hat für deren Auffindung eine Prämie von 50 Mark ausgesetzt. Zwei Tage suchen Fischer das Gebiet erfolglos ab. Wasserleichen gibt es hierzulande jedes Jahr, durch Unglücksfälle ebenso wie durch Selbstmord.

Aber die Männer, die den See absuchen, wissen genau: Bei einer Tiefe von ca. 20 Metern und den niedrigen Temperaturen wird es eine Weile dauern, bis die Ertrunkenen wieder auftauchen. Erst zwei Wochen später werden die Leichen an der Unglücksstelle aufgetrieben und können, da die Gegend ständig beobachtet wird, bald geborgen werden. Mitglieder des Rudervereins bringen sie nach dem Seevogtgehöft am Hintenhof. Zwei Tage darauf treten sie ihre letzte Reise an, nachmittags 2 Uhr vom

Hause des Tischlers Priesemann in der Luisenstraße 12, begleitet von zahlreichen Mitgliedern der hiesigen Rudervereine und vielen Teilnehmenden, die die Straßen säumen, durch die der Trauerzug führt.

Zum Glück bleiben solch tragische Pfingstfeiertage die Ausnahme. Ganz ohne Stress und Aufregung verlaufen sie im Juni 1886. Das Wetter lässt nichts zu wünschen übrig. Etwas Regen am Morgen wird als wohltuend empfunden, denn das durchaus ausbaufähige, teilweise ungepflasterte Straßennetz und die Gärten und Ackerflächen in der Stadt sorgen für eine empfindliche Staubbelästigung in den Sommermonaten. Die Ausflugsdampfer „Niklot" und „Pfeil" sind an beiden Tagen ausgebucht. Auch zahlreiche Segler und Ruderbootsbesitzer tummeln sich auf dem Schweriner See. Aber die meisten Ausflüge werden per pedes unternommen.

Schlossgartenpavillon (Quelle: Ansichtskartensammlung des Autors)

Ganz oben auf der Beliebtheitsskala steht ein Spaziergang in den Schlossgarten, wo am Pavillon von Fritz Küchenmeister eine Kapelle zum Frühschoppen aufspielt. Auch im weiten Umkreis sind Trinkbuden aufgestellt und fliegende Händler bieten Tabakwaren und Süßigkeiten an. Gerne werden auch Spaziergänge nach Zippendorf oder Lankow unternommen. Auf dem Schelfwerder locken der Karlsberg und der Zeltenberg, zwei Ausflugsziele, die heute längst in Vergessenheit geraten sind. Wer sich mit genügend Proviant versehen hat, wagt sich bis nach Friedrichsthal, Stern Buchholz oder Raben Steinfeld. Häufig wird der Rückweg von der Fähre aus mit dem Dampfer unternommen. Wen es weiter wegzieht, der fährt mit der Eisenbahn. Wismar, Lübeck und Doberan sind beliebte Reiseziele. Auch die mecklenburgische Schweiz bei Teterow und Malchin sind bequem zu erreichen. Von dort aus werden Ivenack, Basedow und Remplin besucht.

Einige wenige gönnen sich an diesem Pfingstwochenende eine Spritztour in die Reichshauptstadt. Nach einer mehrstündigen Zugfahrt erreichen die Ausflügler den Bahnhof Friedrichstraße, nicht weit entfernt vom Brandenburger Tor. Die größte Attraktion für alle Berlin-Besucher bietet in diesem Jahr die Preußische Akademie der Künste. Zu den Aufgaben der 1696 gegründeten Gesellschaft gehört es, die unterschiedlichsten Kunstrichtungen zu fördern, zu beraten und zu repräsentieren. Mit einer Kunstausstellung im Glaspalast am Lehrter Bahnhof feiert die Akademie das 100-jährige Jubiläum ihrer Ausstellungen. Unsere Schweriner richten ihr Augenmerk natürlich auf die Werke ihrer Landsleute. Der bedeutendste Maler Mecklenburgs, Carl Malchin, stellt zwei Ölgemälde, die in dem Genre Landschaftsmalerei anzusiedeln sind, aus. Architekten und Baumeister präsentieren Entwürfe und Modelle, häufig auch fotografische Ansichten bereits ausgeführter, oft auch schon älterer Bauten.

Der im Januar verstorbene Georg Adolf Demmler wird für seine Leistungen zum Schlossumbau geehrt. Theodor Krüger ist mit Arbeiten zum Bau der Paulskirche vertreten, Hermann Willebrandt mit Plänen für das Schweriner Museum.

Für die Gegenwart wichtig und von Bedeutung sind die Exponate von Baurat Georg Daniel. Nach seinen Entwürfen wird von 1882–1885 die Knaben-Realschule in der Grenadierstraße gebaut. Das im gotischen Backsteinbaustil ausgeführte Gebäude beherbergt heute die Friedensschule. Sein 1886 fertig gestelltes Hoftheater wird erst im Oktober eröffnet werden.

Noch eine Attraktion sollen unsere Schweriner Ausflügler zu sehen bekommen. „Ein glücklicher Zufall wollte es, dass, als wir uns in der Nähe des kronprinzlichen Palais befanden, von der Straße Unter den Linden her eine Deputation des Stettiner Leibregiments kam, welche vor Kurzem der Enthüllung des Denkmals Friedrich Wilhelms IV. beigewohnt hatte. Wir kehrten natürlich sofort um, und in zauberhaft rascher Weise füllte sich nun der Platz vor dem königlichen Palais an.“ Gebannt starren alle auf das berühmte Eckfenster des Berliner Stadtschlosses. Von hier aus pflegt der Kaiser militärischen Aufzügen zuzusehen. Der einst so Verfem-

Knaben-Realschule in der Grenadierstraße, jetzt Friedensschule (Quelle: Ansichtskartensammlung von Andreas Bendlin)

te, der in den Revolutionswirren von 1848 bei Nacht und Nebel das Land verlassen musste, steht auf dem Höhepunkt seiner Popularität. „Derjenige, der selbst dieser Menge angehört, der da sieht, wie aller Blicke nach dem historischen Fenster gerichtet sind, und der dann plötzlich die allen Deutschen wohlbekannte Gestalt des Kaisers gewahrt, und rings um sich die donnernden Hurrarufe hört, der wird unbedingt fortgerissen von all diesen Eindrücken. Jeder fühlt, dass er einen Eindruck gewonnen hat für die ganze Lebenszeit."

Ein erlebnisreicher Tag neigt sich seinem Ende entgegen. Alle brennen darauf, nach Hause zu kommen und zu berichten. Da Schwerin bekanntlich nicht an der Bahnstrecke Hamburg-Berlin liegt, bleibt unseren Reisenden das leidige Umsteigen nicht erspart. Wechselt man heutzutage in Ludwigslust die Strecke, so war damals noch der Umsteigepunkt in Hagenow-Land. Erschöpft, aber zufrieden kommen die Ausflügler nach über vierstündiger Rückfahrt wieder in Schwerin an. Beim gemütlichen Nachhauseweg in lauer Sommernacht lassen sie ihre Erlebnisse und Eindrücke noch einmal Revue passieren. Und sie sind sich alle sicher, dieser Ausflug wird jedem noch lange im Gedächtnis bleiben.

Das beliebteste Ausflugsziel der Schweriner an Feiertagen ist und bleibt aber Zippendorf.

Zippendorf (Quelle: Ansichtskartensammlung des Autors)

Auch gut betuchte Hamburger und Berliner beginnen in der zweiten Hälfte des 19. Jahrhunderts den Badeort für sich zu entdecken, bauen hier ihre Sommervillen. Die Einheimischen vermieten Ferienwohnungen an Sommergäste, können den Bedarf aber nicht decken. 1886 nehmen 27 Familien mit 98 Personen ihren Sommeraufenthalt und fühlen sich augenscheinlich pudelwohl, denn viele kommen Jahr für Jahr immer wieder in den idyllisch gelegenen Badeort. Aber die Ansprüche ändern sich und zu vieles ist vom Magistrat vernachlässigt worden. Fehlende Wasser- und Abwasserleitungen und eine unzureichende Straßenbeleuchtung in Zippendorf sind dem Tourismus nicht förderlich. Und schon gar nicht die Strandverhältnisse. An den dammartig in den See gebauten Dampferbrücken sammelt sich Dreck und Schlamm an und verbreitet an wärmeren Tagen einen widerlichen Gestank. Der Architekt Heinrich Becker, selbst Anlieger am See, nimmt sich der Sache an und konstruiert eine moderne Schraubenpfahlbrücke. Becker, Architekt von internationalem Renommee, hat schon reichlich Inspirationen im Ausland sammeln können.

Geboren wird er am 26. August 1868 in Schwerin. Sein Vater ist der sich um den Männerturnverein und die Freiwillige Feuerwehr so verdient machende Kabinettsregistrator Eduard Becker. Nach seinem Architekturstudium in München zieht es ihn nach Kairo, wo er am ägyptischen Ministerium für öffentliche Bauten angestellt wird, und für seine Arbeit den Medjidie Orden erhält. Einem Ruf nach China folgend, wird er dort mit dem Bau zahlreicher Bankgebäude beauftragt. In Shanghai entwirft er für den Club Concordia das seinerzeit teuerste und imposanteste Gebäude der Stadt. Nach Schwerin zurückgekehrt, baut er sich 1913 sein eigenes Wohnhaus am Franzosenweg. Auf seinen Spaziergängen ins nahegelegene Zippendorf werden ihm die Missstände am Strand nicht verborgen geblieben sein. Die widrigen Umstände in den Kriegsjahren lassen das Projekt nicht zur Ausführung gelangen. Alles in allem keine guten Aussichten für das seit dem Mittelalter zu Schwerin gehörende Kämmereigut, das aber erst 1920 eingemeindet wird.

Ein halbes Jahrhundert zuvor herrscht noch Aufbruchstimmung im Ort. 1865 errichtet Johannes Bosselmann ein Tivoli-Theater in Zippendorf. Bosselmann ist eigentlich Gutsbesitzer im Ruhestand. Als Bauunternehmer und Investor treibt er die Eindämmung des Pfaffenteiches voran. Auch die Entstehung der Hermannstraße und der Durchbruch der Anastasiastraße zum Pfaffenteich sind ihm zu verdanken. Finanziell sind seine Unternehmungen allerdings ein Desaster. Als er 1885 in bescheidenen Verhältnissen stirbt, ist sein Tivoli in Zippendorf längst Geschichte.

Kühle und verregnete Sommer machen dem Kurbetrieb und den Betreibern der gastronomischen Einrichtungen in Zippendorf immer wieder zu schaffen. Auch der Sommer 1867 ist verregnet, die Bauern haben Mühe, die Ernte einzufahren, und auch den Torfstechern im durchweichten Grambower Moor wird die Arbeit sauer. Inständig hoffen die Schweriner auf besseres Wetter. Wenigstens an den Wochenenden.

Und lässt das Wetter es zu, herrscht Hochbetrieb auf den beliebtesten Ausflugszielen. Zippendorf, Kaninchenwerder, die Fähre und der Schelfwerder werden von den Dampfern angefahren. Seit diesem Jahr befahren drei Fahrgastschiffe die Schweriner Seen. Zu den Dampfern „Schwerin" und „Pfeil" gesellt sich noch „Pilot" von Johann Diercke. Im Gegensatz zu späteren Jahren vertragen sich die Dampfbootbesitzer ganz gut. Man einigt sich über Abfahrtzeiten, bessert einen Steg gemeinsam aus und sogar die gekauften Billetts gelten für alle drei Schiffe. Ist das Wetter mal gut, reichen die drei Dampfer kaum aus, den Ansturm zu bewältigen. Am Sonntag, dem 4. August, fahren sie unaufhörlich von 14 Uhr bis nach Mitternacht Richtung Zippendorf und Kaninchenwerder. „Schwerin" hat sogar noch einen großen Kahn im Schlepptau, doch die Landungsbrücken sind auf Stunden förmlich belagert, und viele ziehen es vor, auf dem Landweg nach Zippendorf zu gelangen. Wen es hier nicht ins „Tivoli" zieht, der flaniert am Strand oder macht es sich bei Bier, Kaffee und Kuchen gemütlich.

Die Gastronomie liegt in den Händen des Herrn Grell, der bislang einen tadellosen Ruf genießt. Doch die Idylle trügt. Plötzlich meldet sich ein Unzufriedener in der Mecklenburgischen Zeitung zu Wort. Nach einigen Höflichkeitsfloskeln geht es zur Sache. Dem Gastwirt Grell wird vorgeworfen, am Sonntag, dem 25. August, seinen Gästen schlechtes, fast ungenießbares Bier vorgesetzt zu haben. Andere Einsender bestätigen das. Viele Gäste hätten ihr Bier zurückgegeben oder einfach weggegossen, heißt es. In der Tageszeitung wird gleich die gesamte Brauwirtschaft der Stadt angegriffen. „Wenn man in Schwerin kein gutes Bier brauen kann, oder richtiger, wenn man ein solches Bier wegen der höheren Herstellungskosten nicht brauen will, so wird Herr Grell gezwungen sein, fremdes Bier kommen zu lassen." Weiter wird gefordert, die in Schwerin gebrauten Biere medizinal-polizeilich untersuchen zu lassen, da diese schädliche Bestandteile haben sollen, um den Hopfen zu ersetzen. Schon der durchaus mäßige Genuss solcher Biere soll Übelkeit zur Folge haben.

Solche Anschuldigungen rufen natürlich die Brauereibesitzer auf den Plan. Beschwichtigend versucht sich Herr Wolf, Braumeister bei der Brauerei Boll in der Bergstraße, zu rechtfertigen. „Den Herrn Einsender vom 30. August fordere ich hierdurch auf, mir, da ich beim Herrn Brauer Boll hier selbst engagiert bin, einen Braumeister entgegenzustellen, welcher fähig ist, ein besseres und reelleres Bier zu liefern als mein Fabrikat. Ich kann auf Eid und reines Gewissen dem hochverehrten Publikum versichern, dass mein Prinzipal, Herr Boll, mir als Fachmann nur die beste Gerste und den feinsten Hopfen zum Verbrauen zur Disposition stellt. Unsere Biere erzeugen selbst nach starkem Genuss kein Übelbefinden, sondern kräftigen den Körper und sind daher Rekonvaleszenten besonders zu empfehlen."

Unversöhnlich dagegen zeigt sich Brauereibesitzer Strauß aus der Wasserstraße. „Ein Mensch, unkundig der Bierbrauerei, hat in dieser Zeitung die Schweriner Bierbrauer in höchst beleidigender Weise angegriffen und sogar der Fälschung des Bieres beschuldigt. Ich bin gesonnen, solcher Schmähung ernstlich entgegenzutreten und habe bereits bei Gericht die geeigneten Schritte getan, um den Verfasser zur Verantwortung zu ziehen. "

In der Stadt gärt es, und es ist nicht nur das Bier, das hier zur Reife gelangt. Letztendlich entlädt sich der Unmut auch noch über die Gastwirte der Stadt. „Der enorme Konsum des Bayrischen Bieres", gebraut wurde meist nach dem Bayrischen Reinheitsgebot, „beweist zu Genüge, wie sehr sich dieses Getränk bereits bei uns eingebürgert hat, und es ist gewissermaßen zum Lebensbedürfnis geworden. Umso mehr dürfen wir verlangen, dass uns das Bier zu einem annehmbaren Preis verabreicht wird. Die Seidel werden auf Schaum geschenkt, und man zahlt für ein dreiviertel volles Seidel dennoch den vollen Preis. In anderen Städten Mecklenburgs, z. B. in Rostock oder Güstrow, erhält man ein kräftiges wohlschmeckendes Bier ohne so vielen Schaum." Auch eine Eichung der Bierseidel wird gefordert. Doch Streit um des Streitens Willen ist die Sache der Schweriner nicht. Bereits nach einer Woche glätten sich die Wogen und die heftigen Auseinandersetzungen in der Presse scheinen Früchte zu tragen. Am 2. September 1867 meldet die Mecklenburgische Zeitung: „Überall bekam man gestern, Sonntag, ein reell vollgeschenktes Bier. Wir wollen hoffen, dass es so bleiben wird."

Gastwirt Grell in Zippendorf zieht seine Lehren aus dem Streit. Im kommenden Frühjahr lässt er eine neuartige Apparatur installieren, was wohlwollend in der Zeitung kommentiert wird. „Herr Grell scheint sich bereits auf das Beste auf die kommende Saison vorzubereiten. Von Interesse ist es für uns gewesen, jüngst einen Apparat dort zu sehen, der ganz geeignet scheint, das Bier frisch und wohlschmeckend zu erhalten. Herr Grell lässt nämlich, wenn er ein Fass ansteckt, nicht die atmosphärische Luft hinzutreten, damit das Bier ausfließen kann, sondern leitet durch den gedachten Apparat Kohlensäure in das Fass. Dadurch wird dem Bier die Frische und die moussierende Eigenschaft erhalten. Für den Sommer will Herr Grell, wie wir hören, einen größeren Apparat dieser Art in den Keller verlegen und das Bier von dort aus durch einige Eisreservoire unmittelbar heraufgelangen lassen. Wenn auf diese Weise jedes Seidel frisch aus dem Keller kommt, ist mit Grund ein gutes Bier in Zippendorf zu erwarten."

Ende gut, alles gut. Zippendorf ist und bleibt der beliebteste Ausflugsort der Schweriner. In den Sommermonaten pilgern sie an den Wochenenden zu Hunderten in ihr Elysium. Zu Fuß, mit dem Pferdeomnibus oder über den Großen See, wie er damals noch allgemein genannt wird, mit dem Dampfer. Und schließlich auch mit dem Fahrrad.

Auf zwei Rädern

Das Fahrrad beginnt seinen Siegeszug in den letzten Jahrzehnten des 19. Jahrhunderts. Als Verkehrsmittel gewinnt es schnell an Bedeutung, denn die Zahl der Fahrradfahrer wächst rasant. Überall in Deutschland werden Radsportvereine gegründet. Die Ersten in Schwerin sind der „Radfahrerverein von 1886“ und „Germania“, gegründet am 1. August 1895. Es folgen „Greif“ 1896 und „Wanderer“ am 9. Oktober 1899. Die beiden letztgenannten Vereine fusionierten miteinander und gelten als Vorläufer des heute in Schwerin bestehenden „Schweriner Radsport-Vereins“.

Damals wie heute organisieren sich Sportvereine in überregionalen Verbänden. Radfahrvereine der sozial schwächeren Schichten vereinigen sich im 1896 in Leipzig gegründeten Arbeiter-Radfahrer-Bund „Solidarität“. Der 1884 gegründete Deutsche Radfahrerbund, Vorläufer des heutigen Bundes Deutscher Radfahrer, gilt als Vertreter des bürgerlichen Lagers. Dem Verband, deutschlandweit in Gaue gegliedert, gehört auch der Schweriner Radfahrerverein „Germania“ an.

Der Verein ist Gastgeber und Ausrichter des Frühjahrsgautages des deutschen Radfahrerbundes, Gau 19 a, am Sonntag, dem 30. Mai 1897, in Schwerin. Die einheimischen Teilnehmer versammeln sich noch am Vorabend in Max Zanders Restauration Schlachterstraße 7 zu letzten Absprachen. Am nächsten Morgen treffen die auswärtigen Vereine ein. Sie werden von den „Germanen“ an den Toren der Stadt empfangen. Aus Lübeck kommen „Vorwärts“ und „Hansa“. „All Heil“ aus Wismar, „Schwalbe“ aus Parchim und ein Goldberger Verein treffen ein. Auch der Schweriner „Radfahrerverein von 1886“, der dem Radfahrerbund nicht angehört, ist eingeladen. Die Verhandlungen der Delegierten finden in Niendorffs Hotel in der Wilhelmstraße statt. Am Nachmittag soll den Schweriner Gastgebern auch etwas geboten werden. Auf dem Luisenplatz am Bahnhof haben sich 200 Radfahrer zur Teilnahme an einem Preiskorso aufgestellt. Korsowettbewerbe unter Radsportvereinen sind in jener Zeit sehr beliebt. Die Teilnehmer fahren zu festlichen Anlässen neben und hintereinander, geschmückt mit ihren Vereinsfarben, durch die Stadt. Eine Jury bewertet die Kleidung, die Ausschmückung der Räder und die mitgeführten Wimpel und Fahnen.

Angeführt von dem allgemein bewunderten Bannerträger von Lübeck auf seinem Hochrad, zieht der Korso vom Luisenplatz durch die Alexandrinenstraße, Kaiser-Wilhelm- und Schmiedestraße zum Markt, weiter über

Königs- und Schloßstraße zum Alten Garten, wo der Korso endet. Teilnehmer und Publikum ziehen anschließend zu Krügers Restaurationsgarten nach Paulshöhe. Die Restauration gehört seit einem Jahr der Aktien-Gesellschaft-Paulshöhe. Beinahe täglich finden hier Konzerte statt. Heute spielt das von Otto Frommann geleitete Hoboistenkorps des Grenadierregiments.

Paulshöhe (Quelle: Ansichtskartensammlung des Autors)

Am Abend treffen sich Verbandsdelegierte und Korso-Teilnehmer wieder in Niendorffs Hotel, wo zu vorgerückter Stunde die Preisverleihung für die beim Korso erbrachten Darbietungen stattfindet. Der erste Preis, ein wertvolles Trinkhorn, geht an „Vorwärts Lübeck". „Hansa Lübeck" und der „Radfahrerverein Goldberg" belegen die folgenden Plätze. Der mit 42 Punkten am höchsten gewertete „Radfahrverein Schwerin" kommt nicht in die Wertung, da er kein Verbandsmitglied ist, erhält aber ein dekoratives Schreibservice als Ehrenpreis.

Dass die Schweriner auch Probleme mit den Radfahrern haben, zeigen zahlreiche Beschwerden in der Tagespresse. Besonders lästig fällt vielen Spaziergängern auf der Promenade nach Zippendorf das ständige Geklingel. „Hört man die Klingel, so muss man sich sofort umsehen, wie weit der betreffende Radfahrer von einem entfernt ist und wohin man ausweichen soll." Auch in der Stadt dieselben Klagen: „In rasendem Tempo geht es von der Münzstraße den Ziegenmarkt hinunter zur Amtsstraße, teilweise setzen die Radfahrer dabei sogar die Füße vorne aufs Rad, das ist doch gefährlich", so ein empörter Leser.

Ludwig Davids, Buchhändler und Verleger von Rudolf Tarnows „Die Burrkäwers", ist auf Radfahrer gar nicht gut zu sprechen. Regelmäßig stellt er sich ihnen in den Weg, um sie zum Absteigen zu zwingen. Solange, bis ihn einer eines Tages auf dem Arsenalberg über den Haufen fährt. Auch außerhalb wird mit Radfahrern nicht zimperlich umgegangen. Gelegentlich eines Radrennens im Juli 1897 auf der Strecke Schwerin–Ludwigslust wird „von böswilliger Hand die Fahrbahn der Chaussee in der Gegend des Ortkruges mit Schuhnägeln bestreut." Nicht wenige fahren sich einen Platten ein.

Die ständig wachsende Zahl der Radfahrer auf den Straßen macht es erforderlich, Regeln aufzustellen. Im Juni 1896 erscheint die „Verordnung betreffend den Verkehr mit Fahrrädern auf öffentlichen Wegen. „Jedes Fahrrad muss fortan mit einer Hemmvorrichtung und einer helltönenden Glocke versehen sein, bei starkem Nebel oder Dunkelheit ist die Benutzung einer hell brennenden Laterne vorgeschrieben. Innerhalb von Ortschaften soll langsam gefahren werden, fürstlichen Equipagen muss immer Vorfahrt gewährt werden. Auch Leichenzüge und marschierende Militärabteilungen dürfen nicht behindert werden. Sogar das Rauchen auf dem Fahrrad ist untersagt. Für einzelne Straßen, Wege und Plätze kann die Ortspolizeibehörde das Befahren mit Fahrrädern verbieten. So werden Teile des Schlossgartens für Fahrradfahrer gesperrt. Zeitweise ist es auch verboten, den Franzosenweg zu befahren. Gerne verstecken sich hier besonders beflissene Polizeibeamte im Gebüsch, um ahnungslos dahin radelnde Missetäter regelrecht zu überfallen.

Mit Beginn der Massenproduktion in Fabriken im ausgehenden 19. Jahrhundert werden Fahrräder auch für den kleinen Mann erschwinglich. Der Absatz steigt kontinuierlich und kein anderes Gewerbe schaltet so große und fantasievoll gestaltete Anzeigen in der Tagespresse wie die Fahrradhändler. Clemens Haberecht preist sein 1873 gegründetes Unternehmen in der Schulstraße 5 als das „Erste Mecklenburgische Fahrradgeschäft" an. Haberecht handelt mit altbewährten Marken wie Dürkopps „Diana", dem „Brennabor" der Gebrüder Reichstein, Opels „Victoria Blitz" und „Alliance" Fahrrädern. Max Pieper in der Lindenstraße vertreibt Schadlitz Fahrräder aus Dresden. Friedrich Brinkmann bietet in seinem Geschäft am Marienplatz Räder der Marken „Adler" „Germania" und „Humber" an. Haberecht und Brinkmann erteilen auch Unterricht im Radfahren. Unentgeltlich für Herren und für Damen. Bei Brinkmann wird nach bewährter Methode mit sogenannten Lernapparaten, auf Laufrollen montierten Fahrrädern, geübt. Fortgeschrittene wagen sich auf eine separate, nicht einsehbaren Anlage, sicher bewahrt vor den Blicken der ewig neugierigen, zum Spott bereiten Schuljugend.

Um die Wette mit dem Auto, auf dem Pferderücken und per Pedes

Kaum ein Jahrzehnt später beginnt ein ganz anderes Fortbewegungsmittel die Straßen zu erobern. Motorisierte Wagen lösen die von Pferden gezogenen ab, das Automobil ist erfunden. Erfunden wurde es schon 1885. Bis die ersten verkehrstauglichen Vehikel die Schweriner Straßen unsicher machen, dauert es aber etwas. Gelegenheit, solch ein Gefährt zu bewundern oder über das Teufelsding bedenklich den Kopf zu schütteln, bietet sich den Schwerinern nur, wenn sich ein reicher Gutsbesitzer in die Stadt verirrt oder der Großherzog eine Ausfahrt unternimmt. Für sie selbst bleibt solch ein Gefährt noch lange unerschwinglich. Schon gar nicht können sie sich ein Automobil als Sportgerät vorstellen.

Die ersten Autorennen werden im letzten Jahrzehnt des 19. Jahrhunderts ausgetragen. Motodrome oder extra gebaute Rennstrecken gibt es noch nicht. Die Straßenrennen führen von Stadt zu Stadt. Auch größere, oft länderübergreifende Rundfahrten gewinnen immer mehr an Beliebtheit. Das erste internationale Autorennen findet 1894 von Paris nach der nordfranzösischen Stadt Rouen statt. Bis die Schweriner etwas Ähnliches geboten bekommen, vergehen 14 Jahre.

Dann aber, im Juni 1908, ist die Stadt Etappenort eines Autorennens, das leicht Kultstatus hätte erlangen können. Die Prinz-Heinrich-Fahrt wird 1908 von Heinrich von Preußen, dem jüngeren Bruder Kaiser Wilhelms II., ins Leben gerufen. Heinrich ist begeisterter Segel- und Motorsportler und stiftet als Siegerpokal ein 13,5 kg schweres Modell eines Tourenwagens, das aus Silber gefertigt wurde. Der Preis ist als Wanderpokal gedacht und wird von Sieger zu Sieger weitergegeben. Die Fahrt startet am 9. Juni in Berlin und endet nach 2200 Kilometern am 17. Juni in Frankfurt am Main.

Am 10. Juni 1908 treffen die ersten Wagen über Fähre, Mueß und Zippendorf kommend, auf Paulshöhe ein. Es regnet in Strömen, was in den offenen Autos nicht angenehm ist. In der Restauration wurde für alle Teilnehmer ein Frühstück vorbereitet. Die Rennleitung wird vom Großherzog auf das Schloss eingeladen. Friedrich Franz IV. und seine Mutter Anastasia sind selber begeisterte Autofahrer und stiften Spezialpreise für die Tour.

Auf Paulshöhe sollen die Fahrer auch mit Kraftstoff versorgt werden. Der hierzu beauftragten Berliner Firma geht das Benzin aus und Tankstellen gibt es noch nicht. Benzin wird durch Apotheken und Drogerien vertrieben. Von beiden Geschäften gibt es kaum 20 in Schwerin und keiner der Betreiber hat sich extra mit Benzin eingedeckt. Die Besatzung des Pressewagens wird noch bei einem Drogisten fündig und macht sich auf und davon. Die letzten Wagen müssen warten, bis Reserven von auswärts herangeschafft sind. Gegen 10 Uhr 45 machen sich die ersten 45 Wagen auf zur Weiterfahrt. Der Weg führt durch den Schlossgarten und über die Schlossbrücken, dann vorbei an zahlreichen Schaulustigen durch die Stadt. Das Interesse ist groß, Technikfreaks haben sich in der Papierhandlung von Hugo Unterstein in der Friedrichstraße Pläne zum Streckenverlauf besorgt. Auch Fotografien der Automobile und Fahrer werden gehandelt. Die Kolonne verlässt die Stadt über Lankow, fährt weiter über Friedrichsthal und Gadebusch bis nach Kiel, wo die mit 392 Kilometern längste Etappe der Rundfahrt am Abend des 10. Juni endet.

Nach fünf weiteren Etappen über Hannover, Köln und Trier erreichen die Fahrer am 17. Juni Frankfurt. Von den über 130 gestarteten Fahrern erreichen 114 das Ziel, ohne wesentlichen Schaden genommen zu haben. Zum Sieger gekürt wird Fritz Erle, leitender Ingenieur der Firma Benz. 1909 gewinnt Wilhelm Opel die Rundfahrt, ein Jahr später Ferdinand Porsche durch Losentscheid. Ein schwererer Unfall 1910 bei Colmar besiegelt aber das Ende der Tour. 1911 wird die Prinz-Heinrich-Fahrt ein letztes Mal, ohne Wettkampfbedingungen als einfache Rundfahrt ausgetragen.

Autorennen sind und bleiben ein seltenes Ereignis in Schwerin. Auch Pferderennen können sich hier nicht etablieren. In den 1860er Jahren verpachtet der Magistrat eine Rennbahn bei Stern Buchholz an einen Ausrichter, der landesweit Pferderennen organisiert. Reiche Großgrundbesitzer lassen hier ihre Pferde laufen, auch der reichste unter ihnen, der Großherzog. Der fungiert auch schon mal als Preisrichter, natürlich nur nominell. In manchen Jahren werden über zehn Rennen in verschiedenen Kategorien ausgetragen. Sponsoren stiften die Preise. 1863 wird ein Erinnerungs-Rennen zum Andenken an die 22. Versammlung Deutscher Land- und Forstwirte ausgetragen. Weiterhin ein Rennen um den Ehrenpreis der Großherzogin Alexandrine und eines um den Preis der Gewerbetreibenden der Stadt Schwerin.

Von wohlhabenden Pferdeliebhaberinnen wird ein Damenpreis gestiftet, nicht etwa für weibliche Reiterinnen, geritten werden die Pferde nur von Männern, von Jockeys, Offizieren oder von den Besitzern und deren Verwandten, den sogenannten Herrenreitern. Kutscher mit privaten Gespannen und Fuhrleute mit öffentlichen Fuhrwerken wie Omnibusse, Droschken und Postkutschen dürfen auch ihre Runden drehen, fahren aber nicht um die Wette. Finanziell ist das Ganze ein Desaster. Als 1870 die Pacht für die Rennbahn ganz ausbleibt, beschließt der Magistrat die Lösung des Pachtverhältnisses und die Bepflanzung des Geländes mit Kiefern.

Anders als Pferderennen erfreuen sich Radrennen großer Beliebtheit. Um Radrennen austragen zu können, wird im Sommer 1896 auf dem kleinen Exerzierplatz, unweit der Wittenburger Straße am Bahndamm, eine Rennbahn mit schrägen Bretterkurven und Zuschauertribünen errichtet. Hunderte Schaulustige finden sich allabendlich ein, um den Fahrern bei ihren Trainingsrunden zuzusehen. Die Fahrer kommen aus ganz Norddeutschland. Zugelassen sind auch Unteroffiziere und Mannschaften des Grenadierregiments 89, die in der Stadt stationiert sind. Für Offiziere schickt es sich nicht, Radrennen zu fahren. Die Rolle des autoritären, sich aber wohlwollend herablassenden Kampfrichters passt da schon eher. Und so gehören dem Ehren- und Schiedsgericht neben dem beliebten Sanitätsrat Wilhelmi auch ein Hauptmann Grimm und der Generalmajor von Graberg an. Am Renntag, Sonntag den 19. Juli 1896, erscheinen auch der Erbgroßherzog und seine Schwester Cecilie, die spätere Kronprinzessin des Deutschen Reiches. Mitglieder des Großherzoglichen Hauses, allen voran der Großherzog, haben Ehrenpreise gestiftet. Die in mehreren Kategorien ausgetragenen Rennen erfreuen sich eines außerordentlichen Zuspruchs durch das Publikum. Auch das Wetter lässt nichts zu wünschen übrig.

Das ist bei einer anderen Rennsportart, der sich viele Schweriner verschrieben haben, durchaus nicht immer der Fall. Im Frühjahr 1883 gründen ambitionierte wassersportbegeisterte Bürger im Hotel de Russie am Bahnhofsvorplatz den Schweriner Segel- und Ruderverein.

Ziel des Vereins ist die regelmäßige Durchführung von Regatten auf dem Schweriner See. Ein für den Sommer geplantes Probesegeln soll ausloten, wie weit sich Regattarennen hier etablieren lassen. Die Rennstrecke führt von der Marstallhalbinsel, am Großen Stein und Kaninchenwerder vorbei. Hinter Ziegelwerder wird gewendet. Segelkähne wenden bereits, nachdem sie Kaninchenwerder passiert haben. An den Start gehen außer den Segelkähnen Schwertboote und Kielboote in zwei Kategorien, über fünf Meter lang oder darunter. Für die drei Klassen der Freizeitboote gilt eine Bonusregelung mit Zeitvergütung bei unterschiedlichen Bootslängen. Bei den Segelkähnen werden keine Unterschiede gemacht. Sie segeln mit 5,5 km auch die kürzere Route und starten als Erste.

Ruder-Regatta 1883
(Quelle: Über Land und Meer. Allgemeine Illustrierte Zeitung, Oktober 1883)

Das Interesse in der Bevölkerung ist riesig. An den Uferpromenaden herrscht großes Gedränge und auf dem See wimmelt es von Booten aller Art. Die Dampfer „Paul“ und „Pfeil“ sind mit Schaulustigen dicht besetzt. Auf dem „Pfeil“ hat sich die Rennleitung einlogiert. Von hier aus wird das Renngeschehen verfolgt, hier werden auch die Sieger gekürt.

Um 11.55 Uhr starten die über fünf Meter langen Kielboote, mit sieben Booten die größte Gruppe. Schon damals benannten viele Bootsbesitzer ihre Boote nach ihren Töchtern oder Ehefrauen, und so tummeln sich vor der Startlinie „Agnes“ und „Clärchen“, „Molly“, „Martha“ und „Johanna“ in friedlicher Eintracht. Ob das dem Verhalten der Namensgeberinnen im wirklichen Leben entspricht, sei dahingestellt. Endlich fällt der Startschuss und die Boote jagen los. Nur „Clärchen“ scheint den Ernst des Augenblicks nicht erkannt zu haben und kreuzt gemütlich im Startbereich hin und her. Das Publikum ist außer sich. Schreiend und gestikulierend versuchen die Zuschauer, die Besatzung zum Losfahren zu bewegen. Verunsichert durch den Tumult kehren die bereits gestarteten Boote um und bringen den sowieso schon in Verzug geratenen Zeitplan vollends durcheinander. Dem verzweifelten Kampfgericht bleibt nichts anderes übrig, als die Boote zum Neustart zu ordnen.

Die Rennen der anderen Gruppen laufen problemlos ab. Zwar kentert ein Segelkahn durch zu waghalsige Manöver, doch kommt niemand zu Schaden. Nachdem alle Rennen beendet und ausgewertet sind, werden die Sieger gekürt. Blaugelbe seidene Flaggen und Geldpreise werden verliehen. Alle sind sich einig, dass die gelungene Veranstaltung eine Neuauflage erfahren muss.

September 1883: Dass vor wenigen Tagen auf Java der Krakatau explodiert ist, interessiert hier kaum jemanden. Seltsame Lichterscheinungen durch in dic Atmosphäre geschleuderte Partikel werden wahrgenommen, Stadtgespräch ist aber die bevorstehende Ruderregatta. Erst recht, als bekannt wird, dass die Großherzoglichen Herrschaften Interesse an der Veranstaltung bekunden. Die Rennen werden sie von einer Dampfbarkasse aus verfolgen. Die Schiffsbauerei Holtz aus Oevelgönne, damals noch zum Landkreis Pinneberg gehörend, hat sie ihnen zur Probe überlassen.

Wie schon bei der Segelregatta sind die Dampfer „Paul“ und „Pfeil“ angemietet. Pünktlich um 11.30 Uhr stechen sie, unter klingendem Spiel der an Bord befindlichen Kapelle, in See. Die Wettbewerbe werden in fünf Kategorien ausgetragen, auch Fischerkähne sind zugelassen. Gestartet wird wieder von der Marstallhalbinsel, gerudert wird in Richtung Werdervorstadt bis zum Rüterhorn und zurück. Die Ruderklubs „Neptun“ und „Schwerin“ starten mit ihren Achtern. Wegen Ungleichheit der Boote bestreiten sie eine zweiten Wettfahrt, nachdem sie die Boote untereinander getauscht haben. „Vorwärts“ und „Obotrit“ starten mit vier- und sechsriemigen Booten. Diesmal verlaufen die Rennen ohne Unfälle und Störungen. In doppelter und dreifacher Reihe säumen Boote mit Schaulustigen rechts und links die Strecke. Die dicht gedrängt stehenden Zuschauer auf der Marstallhalbinsel applaudieren lautstark bei den Zieleinläufen. Nach den Rennen sammeln sich alle Boote um den Dampfer „Pfeil“, an dessen Bord die Preisverleihung vorgenommen wird. Schon bald gleicht das Ganze einer großen schwimmenden Insel. Noch vor 14 Uhr wird die Regatta beendet. Die Zuschauer an Land strömen in die Stadt, und auch das Knäuel der Boote löst sich langsam auf. Zurück bleiben die Dampfer „Paul“ und „Pfeil“. Unbemerkt bei dem ganzen Trubel sind sie auf Grund gelaufen, und es dauert noch eine geraume Zeit, bevor sie wieder freikommen.

Kommerzielle Beweggründe gab es für beide Wassersportereignisse nicht. Die Startgelder werden für Preise verwendet. Die Dampfbootbesitzer Theodor Günther und Georg Ahlert dürften mehr an Renommee als finanziell gewonnen haben, da die sonntäglichen Rundfahrten an den Wettkampftagen ausfallen. Außerdem wurde aus Sicherheitsgründen nur eine begrenzte Anzahl Billetts ausgegeben, da vorauszusehen war, dass die meisten Passagiere das Geschehen vom oberen Deck aus verfolgen würden. Die auf dem Dampfer „Pfeil“ konzertierende Jägerkapelle wird ihr Auskommen gehabt haben. Die Gelegenheit, sich etwas dazuzuverdienen, nutzt auch die Gastwirtin Meyer aus der Theaterstraße. Sie sorgt für das leibliche Wohl auf den Dampfern. Und als findiger Unternehmer erweist sich der Kaufmann und Spirituosenfabrikant Bernhard Carl Bauch. Anlässlich der Ruderregatta empfiehlt er seiner Kundschaft seine neueste Schöpfung, den „Regatta Liqueur“. Das Etikett zeigt den Moment der vorangegangenen Segelregatta, in welchem die Boote mit geschwellten Segeln und begleitet von den Dampfern durch die Startlinie gehen.

Große Bedeutung für die Schweriner erlangt schon bald ein ganz anderes Verkehrsmittel, mit dem sich allerdings keine Rennen fahren lassen. Vorausgegangen ist eine rasante Entwicklung der Stadt. In der zweiten Hälfte des 19. Jahrhunderts hat sich die Einwohnerzahl geradezu verdoppelt.

Verblüffend, wie ein Journalist der Mecklenburgischen Nachrichten sich um 1890 das Schwerin der Zukunft vorstellt. In 80 Jahren, meint er, müsse die Stadt 90 000 Einwohner haben. Richtig, 1972 sind es dann sogar schon 100 000. Für das gesamte Stadtgebiet rechnet er mit 2 000 neu gebauten Häusern. Das Schelffeld, das bis an den Ziegelaußensee heranreicht, sieht er vollständig bebaut. Davon kann allerdings erst in unseren Tagen die Rede sein. Im Nordwesten werden sich die Straßen fast bis nach Lankow erstrecken. Fast ist untertrieben, Schwerin beginnt schon in der ersten Hälfte des 20. Jahrhunderts, sich Lankow einzuverleiben. Auch den Friedhof am Feldtor sieht er von Straßen eingerahmt, das ist er allerdings auch heute noch nicht. Auf dem zwischen Lankower und Ostorfer See gelegenen Stadtfeld, seiner hügeligen Lage wegen auch die Schweriner Schweiz genannt, lässt er kurzerhand eine Villenvorstadt entstehen. Villen, oder was sie sich darunter vorstellen, werden sich hier nur die sogenannten kleinen Leute bauen. Bis 1936 entstehen hier Kleingartenanlagen, vornehmlich zur besseren Versorgung der Bevölkerung. Als Erholungsräume werden sie erst später wahrgenommen.

Bemerkenswert ist sein Optimismus hinsichtlich der Entwicklung des öffentlichen Nahverkehrs, den es eigentlich noch gar nicht gibt. Die Schweriner Pferdestraßenbahn hat 1885 ihren Betrieb wegen Unrentabilität eingestellt. Für die Zukunft kann er sich einen Städtischen Bahnverkehr vorstellen, der 15% Dividende abwirft. Ein frommer Wunsch, der bis heute nicht in Erfüllung gegangen ist.

Am 1. Dezember 1908 wird in Schwerin der Straßenbahnbetrieb offiziell eröffnet. Die Anfänge der Schweriner „Elektrischen" gestalten sich alles andere als einfach. Schon am fünften Tag kommt es zu einer Kollision mit einem mit Tannenbäumen beladenen Fuhrwerk in der Friedrich-Franz-Straße. Die Schuld trifft wohl den Kutscher, noch sind die Folgen mit einer zerbrochenen Fensterscheibe eher gering. Am selben Tag auch ein erster Betriebsunfall im Depot an der Wallstraße. Ein Schlosser ist von einer Leiter gestürzt, zieht sich aber glücklicherweise keine ernsthaften Verletzungen zu. Auch Eis und Schnee machen dem Bahnpersonal zu

Straßenbahn vor Sterns Hotel (Quelle: Ansichtskartensammlung des Autors)

schaffen. Am 30. Dezember entgleist ein Wagen durch eine eingefrorene Weiche vor Sterns Hotel am Pfaffenteich. Mangel an betriebsfähigen Wagen bzw. die Verwendung eines derselben als Streuwagen führen Silvester und Neujahr zu deutlichen Einschränkungen im Bahnbetrieb. Auch Schwarzfahrer werden zum Problem. Nachdem im Januar einige erwischt wurden, werden Kontrollen durch einen Polizeibeamten in Zivil eingeführt. Geldstrafen von bis zu 60 Mark sollen abschrecken.

Dann der erste Unfall mit einer Passantin. Am Abend des 12. Januar will eine Dame in Höhe der Tonhalle die Wissmarsche Straße überqueren, wird von der Straßenbahn erfasst und zu Boden geworfen. Die Frau hat Glück im Unglück und kommt mit dem Schrecken davon. Schlimmere Folgen hat ein Unfall zwei Wochen später. Am Vormittag des 26. Januar 1909 verlässt die 67 Jahre alte Frau Wille, Witwe des gewesenen Armenhausinspektors, ihre Wohnung in der Wallstraße, um ihren gewohnten Gang zum Markt anzutreten. Den Markt wird sie aber nie erreichen. In der Helenenstraße ereilt sie das Unglück. Viel zu spät erkennt sie die herannahende Straßenbahn und bleibt wie versteinert auf den Gleisen stehen. Ein Zeuge, Malermeister Bohs, meint, sie müsse taub oder schlecht sehend gewesen sein, der Wagenführer jedenfalls bremst sofort ab, „allerdings kroch der Wagen noch so dahin, stieß sie um, und da war sie verschwunden". Fahrer und Passagiere springen sofort vom Wagen, um nach der Verunglückten zu suchen. Unter dem acht Meter langen und zwei Meter breiten Triebwagen ist die Frau kaum auszumachen. Erst als der Fahrer etwas zurücksetzt, kann die Leiche geborgen werden. Von den Zeugen wird die Unschuld des Fahrers bestätigt. Er hatte nach dem Einbiegen in die Helenenstraße vorschriftsmäßig geklingelt und auch das Bremsmanöver sofort eingeleitet. Noch am selben Abend erscheint die Mahnung in der Mecklenburgischen Zeitung: „Es ist dieser betrübende Vorfall eine Warnung, beim Überschreiten der Straße stets achtzugeben." Mahnende Worte, welche leider in den folgenden Jahren nicht immer Beachtung finden.

Nach dem etwas holprigen Start wird die „Elektrische" schnell zu einem unverzichtbaren Bestandteil des Schweriner Straßenverkehrs.

Dabei erweisen sich die Verantwortlichen von Beginn an erstaunlich flexibel. Als im Frühjahr 1909 unter der Schirmherrschaft des großherzoglichen Paares in Schwerin ein Wohltätigkeitsbasar stattfindet, wird am Veranstaltungslokal, der Tonhalle, zwischen Marienplatz und dem Bahnhof, eine Sonderhaltestelle eingerichtet.

Die Elektrische freut sich

und das mit Recht, fahren doch alle Schweriner jetzt mit ihr zur

TON-HALLE

zum Besuche des

Raritäten-Kabinetts

verbunden mit der

Literarischen Folterkammer.

Nur noch heute Nachmittag und Abend!!!

Anzeige in der „Mecklenburgischen Zeitung" vom 11. Februar 1909

Die Tonhalle ist schon etwas betagt. Der in die Jahre gekommene Eingangsbereich, die primitiven Garderoben und die schon stark in Mitleidenschaft gezogenen Dielen werden beanstandet, aber die Tonhalle bietet mit drei großen Sälen ausreichend Platz und wird von ihrem Besitzer Wilhelm Albrecht mit großem finanziellem Entgegenkommen für den Wohltätigkeitsbasar zur Verfügung gestellt. Albrecht hatte sie 1895 mit einer modernen Zentralheizung versehen, Gasbeleuchtung und ein Ventilationssystem installiert. Nach der Veranstaltung nimmt er wieder eine umfassende Renovierung vor. Im September 1920 brennt das Gebäude ab, ausgenommen die Gaststätte im Vorderhaus.

Tonhalle in der Wismarschen Straße: Tanz- und Konzertsaal, Speisesaal, Gesellschaftssaal (Quelle: Ansichtskartensammlung von Andreas Bendlin)

Die Vorbereitungen für den Basar mit seinen Aufführungen haben Monate gedauert. Die Eintrittspreise, 1 Mark pro Person, ab nachmittags 17 Uhr noch zusätzlich 50 Pfennige, zielen auf ein kaufkräftiges Publikum ab. Der Reinertrag von 14 500 Mark wird für den Bau eines Volksbades, für ein noch zu gründendes Damenstift, den Frauenhilfsverein und das Alexandraheim verwendet. Nicht verkaufte Gegenstände können später im Städtischen Haus Amtsstraße 1 ersteigert werden. Der Basar dauert nur zwei Tage. Er öffnet Mittwoch, den 10. Februar um 11 Uhr und schließt seine Pforten am darauffolgenden Tag abends 22 Uhr.

Schweriner aus allen Bevölkerungsschichten beteiligten sich an den Vorbereitungen. Esswaren und Getränke, aber auch Kunstgegenstände, Handarbeiten und Kinderspielzeug werden angeboten. Mit Eintritt in den ersten Saal tut sich eine für die meisten Besucher wohl nie gesehene Pracht und Vielfalt auf. Der Speisesaal ist in einen Garten verwandelt, Pavillons laden zum Verweilen ein, auch Buden mit Torten und kaltem Buffet, eine Weinhöhle, ein türkisches Zigarettenzelt und ein japanisches Tee- und Kaffeehaus bieten alle nur erdenklichen Sinnes- und Gaumenfreuden. Blumen soweit das Auge reicht, und das mitten im Winter. Die Großherzogin Mutter hat Blumen aus Südfrankreich gesandt, Herzog Johann Albrecht aus seinen Gewächshäusern in Wiligrad. Die Gesamtleitung in diesem Saal liegt in den Händen Dr. Kästners, Inhaber einer Lichtheilanstalt am Luisenplatz am Bahnhof. Hat der Besucher den Speisesaal durchquert, tritt er in den zweiten, den sogenannten Verkaufssaal ein. Zahllose Stände mit Waren aller Art reihen sich aneinander, kunstvoll arrangiert durch den Hoflieferanten Kreft.

Den Anfang machen die Tische des großherzoglichen Paares. Beide erscheinen pünktlich zur Eröffnung mit den Prinzen und den Mitgliedern des Hofstaates, verkaufen aber natürlich nicht selbst. Verkäuferinnen sind Schweriner Mädchen, gekleidet in Mecklenburger oder Gmundener Tracht, einer Stadt im oberösterreichischen Salzkammergut, der Heimat der Großherzogin. Den Mädchen wird viel abverlangt. An beiden Veranstaltungstagen arbeiten sie zwölf Stunden, nahezu ohne Pause, aber immer mit einem freundlichen Lächeln auf dem Gesicht. Der Großherzog lässt mecklenburgische Industrieprodukte, Tonwaren aus Crivitz und Teterow, Konserven aus Parchim und Konfitüre aus Waren an der Müritz verkaufen. Die gerade zu Besuch weilende Prinzessin Reuß bietet Porzellanwaren, zum Teil echte Meißner Erzeugnisse, an. Andere Tische sind rein produktbezogen arrangiert. Es gibt Stände für Parfüm und Toilettenartikel, Handarbeiten sowie eine lange Tafel mit sogenannten toten Lebensmitteln, Wild und anderem Getier. Ein Stand ist der Kunst und Literatur vorbehalten. Einheimische Kunstschaffende stiften Plastiken und Bilder, darunter ein Gemälde des berühmten Malers Carl Malchin. Die angebotenen Waren übertreffen in Vielfalt und Menge die Auswahl eines gut eingerichteten Großstadtkaufhauses. Hinter den Verkaufstischen an den Längsseiten hat Maschinendirektor Kranich aus dem Fundus des Hoftheaters große Leinwände mit Landschaftsaufnahmen angebracht, Alpenlandschaften, der Schweriner See und Ähnliches. Am Ende des Saales lädt Albrecht Strenge, Inhaber der Stillerschen Hofbuchhandlung, in sein Raritätenkabinett nebst literarischer Folterkammer ein. Musik, Kostüme und ausgelassenes Treiben versetzen die Besucher in eine mittelalterliche Jahrmarktszene. Humoristische Deklamationen sorgen für nicht enden wollende Heiterkeit.

Im dritten, dem sogenannten Aufführungssaal, führt Major von Fabrice die Regie. Auf einer kleinen Bühne werden Einakter geboten, Bauerntänze lösen sich mit plattdeutschen Vorträgen ab, viele von Carl Schöning, einem seiner Zeit beliebten Fritz-Reuter-Rezitator, gehalten. Schöning hat auch eigene Gedichte verfasst und wird die Gelegenheit nutzen, Heiteres aus seinem zweiten in diesem Jahr erscheinenden Gedichtband „Bi uns to Hus" vorzutragen.

Solche, um die Mitte des 19. Jahrhunderts in Mode gekommenen Wohltätigkeitsbasare, tragen dazu bei, soziale Härten zu mindern. Schweriner Persönlichkeiten engagieren sich für ihr Zustandekommen. Der bekannte Medizinalrat Dr. Wilhelmi oder auch der Kommandeur des Artillerieregiments, Oberstleutnant Graf Reichenbach, haben zum Gelingen des Basars beigetragen, auch die Leiterin der Hense-Buddeschen Mädchenschule, Fräulein Charlotte Budde. Sie wird 1870 in Rostock geboren. Ihren sehnlichsten Wunsch, Lehrerin zu werden, kann sie sich erst mit 27 Jahren nach dem Tod ihrer Eltern erfüllen. Gefördert wird sie dabei durch ihre mütterliche Freundin Hedwig Hense, seit 1870 Leiterin der Viereckchen Höheren Töchterschule. Nach bestandenem Lehrerinnenexamen nimmt diese sie an ihrer Schule auf, anfangs als Lehrerin, später als Partnerin und zweite Vorsteherin. Charlotte Budde gilt als eine überaus geschickte und beliebte Pädagogin. Nach 37 Jahren Lehrtätigkeit scheidet Tante Lotte, wie sie liebevoll von ihren Schülerinnen genannt wird, 1936 aus dem Schuldienst aus. Am kulturellen Leben der Stadt nimmt Lotte Budde auch weiterhin regen Anteil. So betätigt sie sich als Vortragende bei der Einführung neu einstudierter Dramen des Staatstheaters. Nach dem 2. Weltkrieg gilt sie als fleißige Besucherin der Veranstaltungen des Kulturbundes, dessen Vorstand ihr in Anerkennung ihrer Mitwirkung durch zahlreiche Diskussionsbeiträge eine Ehrenkarte zum kostenfreien Eintritt sämtlicher Veranstaltungen zur Verfügung stellt. Charlotte Budde stirbt an den Folgen eines Schlaganfalls am 20. Februar 1957 und ruht an der Seite ihrer langjährigen Freundin Hedwig Hense auf dem Alten Friedhof in Schwerin.

Charlotte Budde
(Quelle: Ansichtskartensammlung des Autors)

Hensesche Mädchenschule (Quelle: Ansichtskartensammlung des Autors)

Über das Feuerlöschwesen der Stadt

Bürger, die zum Gemeinwohl beitragen, kommen aus allen Schichten der Bevölkerung. Eine besondere Herausforderung bietet das Engagement in der Freiwilligen Feuerwehr. In der Nacht zum 1. November 1863 brennt das Kaniasche Haus, Ecke Friedrich-Bischofstraße. Drei Dienstmädchen des Grafen Schulenburg sterben in den Flammen. Besorgte Schweriner Bürger versammeln sich daraufhin am 4. November im Hotel de Paris, um über die Verbesserung des Feuerlöschwesens der Stadt zu diskutieren.

Einer, der wesentlich zur Förderung der Freiwilligen Feuerwehr beigetragen hat, ist der am 22. Dezember 1833 als Sohn eines Schlossermeisters in Schwerin geborene Eduard Becker. Der Männer-Turnverein stellt die Mitwirkung von ca. 50 Turnern für eine Wehr in Aussicht. Einen Tag später, am 5. November 1863, wird die freiwillige Turnerfeuerwehr gegründet. In den Vorstand wählen die Kameraden Polizeischreiber Köhn, Schmiedemeister Gülzow und Gerichtsaktuar Eduard Becker. Becker, zunächst Riegenführer, fungiert ab 1867 bis zu seinem Tod als Hauptmann der Wehr.

Das Feuerlöschwesen der Stadt Schwerin kann bis weit in das 19. Jahrhundert als unzulänglich bezeichnet werden. Am guten Willen fehlt es keineswegs. Immer wieder werden neue Löschmittel und Geräte ausprobiert. Im Herbst 1863 finden, im Beisein mehrerer Magistratsmitglieder, Versuche mit Bucherschen Feuerlöschdosen statt. Herr Direktor Bucher vertreibt die Dosen über die königlich-sächsische Feuerlöschmittel-Anstalt. In einem eigens dafür errichteten Schuppen am Stadtrand wird Holz aufgeschichtet. Der Stapel wird mit Petroleum übergossen und angezündet. Die Löschdosen werden ins Feuer geworfen und explodieren. Die jetzt austretenden Gase sollen das Feuer ersticken, erstickt wird aber nur der Glaube der Stadtvertreter an die Brauchbarkeit des Löschmittels. Auch zwei weitere Versuche mit größeren Dosierungen haben keinen Erfolg. Die Demonstration ist ein voller Misserfolg. Aber die Buchers sind umtriebige Unternehmer. Stellvertretend für ihren kranken Mann wird Frau Direktor beim Großherzog vorstellig. Und da das Ehepaar auch anderweitig Protektion genießt, werden die Dosen in Schwerin eingeführt. Sogar die Kaiserliche Post schafft sich einige Feuerlöschdosen an. Kaum zwanzig Jahre später ist man zu der Einsicht gelangt, dass die Dosen unbrauchbar sind. Im Mai 1882 werden sie, sprichwörtlich, zu Grabe getragen und auf dem Exerzierplatz auf dem Großen Dreesch vernichtet.

Auch norddeutsche und einheimische Handwerker beteiligen sich an der Weiterentwicklung von Gerät und Material. Bei einer Löschprobe im August 1883 gelangt eine Schiebeleiter der Firma Witte zum Einsatz, die bis auf das Dach des Regierungsgebäudes hinaufreicht. Der dort postierte Schlauchführer kann den Wasserstrahl noch weit über das gegenüberliegende Palais der verwitweten Großherzogin Alexandrine leiten. Bereits 1868 entwickelt Maschinenbaumeister Schumacher in seiner Werkstatt am Louisenplatz eine Dampfspritze, die höchsten Ansprüchen genügt. Um ihre Leistungsfähigkeit zu überprüfen, dringen die Rohrführer bei einer Übung im Oktober bis in das Dach der Paulskirche vor. Einen noch höheren Standpunkt einzunehmen, lässt die Lokalität und einbrechende Dunkelheit an diesem Abend nicht zu. Doch sind sich alle Anwesenden einig, dass die Spritze noch mehr zu leisten vermag.

Weil es noch keine Wasserleitungen und somit auch keine Hydranten gibt, muss das Löschwasser aus den Seen der Stadt herangeführt werden. Um leistungsfähige Zubringer ständig in Bereitschaft zu haben, schließt der Magistrat Verträge mit ortsansässigen Unternehmen, die größere Dampfmaschinen betreiben. Die der Eisenbahndirektion am Bahnhof deckt den Bereich der Paulsstadt ab. Auf dem Holzhof der Firma Schall und Schwencke am Ende der Bergstraße steht ein Aggregat, dem man zutraut, den größten Teil der Neustadt versorgen zu können. Durch eine Dampfmaschine der Hovemannschen Badeanstalt am Alten Garten soll

Marienplatz (Quelle: Ansichtskartensammlung des Autors)

die gesamte Altstadt mit Löschwasser versorgt werden. Bei einer Übung im Juni 1868 werden die Spritzenschläuche vom Alten Garten über den Klosterhof, durch die Fließgraben- und Helenenstraße, über den Marienplatz, die Wittenburger Straße bis zur Brücke hinauf ausgerollt. Ein beachtlicher Weg, die Schläuche halten aber dem Druck nicht stand, bevor das Wasser sein Ziel erreicht, sind sie an mehreren Stellen geplatzt.

Nachrichten über entdeckte Brände verbreiten sich schnell und sorgen für Unruhe. Sogar entfernte Schadensfeuer in den Dörfern um Schwerin werden wahrgenommen. In der Dunkelheit ist der Feuerschein Kilometer weit zu sehen. Als im September 1886 die Tauglichkeit eines feuerfesten Anstriches auf dem Alten Garten erprobt wird, geraten Ausflügler auf dem nahen Kaninchenwerder beim Anblick des Feuerscheins in Unruhe und drängen auf den Heimweg. Auch an Schaulustigen fehlt es bei Bränden nicht. Um Gaffer fernzuhalten, wird in einer Feuerlöschordnung 1869 ausdrücklich darauf hingewiesen, dass unbefugte, unbrauchbare Personen, namentlich Frauen und Kinder, desgleichen Betrunkene und müßige Zuschauer bei keinem Feuer zu dulden sind. Bei umfänglichem oder lange währendem Feuer ist jede zur Hilfe fähige Mannsperson zur schleunigen Hilfeleistung verpflichtet. Dass die Auswahl nicht immer glücklich ist, lässt sich denken.

So versuchen zwei besonders umtriebige Helfer, sich beim Brand des Regierungsgebäudes 1865 hervorzutun, indem sie sich bemühen, einen sowieso schon leer geräumten Geldschrank aus dem zweiten Stock auf die Straße zu werfen. Als sie mit ihrem Vorhaben scheitern, werfen sie aus dem Fenster, was gerade greifbar ist. Dazu zählen unglücklicherweise für einen unten auf der Straße stehenden Kameraden auch einige fünf Kilo schwere Eisengewichte. Er wird am Kopf getroffen, kommt aber mit dem Leben davon.

Beim Brand der Brauerei auf Paulshöhe im April 1882 sind die freiwilligen Retter beim Bergen von Sachen, insbesondere von Flaschen, aus dem Restaurationsgebäude besonders eifrig. Natürlich nutzen sie die Gelegenheit, sich zu erfrischen. Versehentlich greift jemand nach einer mit Salzsäure gefüllten Flasche und muss in ärztliche Behandlung gebracht werden.

Feuerwachen wie heute gibt es Mitte des 19. Jahrhunderts noch nicht. Eine elektrische Alarmglocke für Nachtwächter wird erst im November 1896 am Schulhaus in der Stiftstraße angebracht. Da es auch noch keine Rauchmelder gibt, werden Brände oft erst spät entdeckt, manchmal auch zu spät. Beim großen Theaterbrand 1882 ist es der Kutscher der Pferdebahn, der gelangweilt auf dem Alten Garten auf seine Abfahrtszeit wartet, der das Feuer zuerst entdeckt und meldet. Angestellte und Publikum können rechtzeitig das brennende Haus verlassen, und so bleibt es bei einem Toten: Ein Feuerwehrmann, der trotz eindringlicher Warnung noch einmal in das brennende Gebäude hineinläuft, um irgendetwas zu retten.

Entdeckt jemand nachts ein Feuer, wird er vermutlich zuerst die Hausbewohner alarmieren. Dann muss er die Nachricht zur Nachtwache im Stadthaus gelangen lassen, diese alarmiert das Löschdirektorium, die Küster der Kirchen und die Hauptwache im Arsenal. Alarmiert wird mit Kirchenglocken, Trommeln und Hörnern. Trommler und Hornbläser der Garnison sollen auch mit einstimmen, müssen aber erst geweckt werden. Kaum verwunderlich, dass die meisten Mitglieder der Feuerwehr kaum vor Ablauf einer halben Stunde zur Stelle sind. Bekanntlich nimmt das Feuer darauf keine Rücksicht und hat inzwischen sein Zerstörungswerk munter fortgesetzt.

Einmal allerdings ist die Feuerwehr ganz schnell vor Ort. Als am 11. Januar 1881 kurz nach Mitternacht das zum Großen Moor 44 gehörige Hinterhaus in Flammen steht, feiert die städtische Feuerwehr gerade ihren Feuerwehrball im Wagnerschen Lokal, schräg gegenüber, einige Häuser weiter. Die Männer sind sofort zur Stelle, in welchem Zustand, lässt sich nur erahnen. Nach dem Heranholen der am nächsten stationierten Spritze vom Marstall gelingt es ihnen aber binnen Kurzem, den Brand zu löschen.

Und wer nicht auf die Hilfe anderer warten möchte, der hilft sich selbst. Bereits um die Mitte des 19. Jahrhunderts müssen alle Hausbesitzer lederne Löscheimer bereithalten und diese sowie sonst zum Löschen dienliche Gerätschaften auf Verlangen hergeben.

Die Technik ist auch hier rasant fortgeschritten. Als im Februar 1914 am Burgsee moderne Handfeuerlöscher getestet werden, ist der Großherzog mit dem gesamten Hofstaat zugegen. Er hat ein ganz eigenes Interesse an Löschübungen aller Art. Hat ihm doch vor wenigen Wochen ein Großfeuer Teile seines schönen Schlosses verwüstet. Gelöscht werden ein geschlossener Schuppen mit Buchenholz, eine Teertonne und ein mit Benzin und Petroleum gefüllter vier Meter langer Graben. Die Ergebnisse fallen unterschiedlich aus. Die Namen der Löschgeräte, wie „Total“ oder „Minimax“, findet man heute noch. Es sind die letzten Versuche dieser Art für lange Zeit.

Der Goldene Saal des Schlosses nach dem Brande im Dezember 1913.

Der Goldene Saal des Schlosses nach dem Brand im Dezember 1913 (Quelle: Dr. Wilhelm Jesse, Schwerin 1920, Bd. 2)

Im Sommer bricht der Erste Weltkrieg aus, fortan gilt es, Brände zu legen, anstatt sie zu löschen. Und auch dafür wird fleißig geübt. Schon bald nach Ausbruch des Krieges verwandelt sich der militärisch genutzte Teil des Großen Dreesch in eine moderne Feldbefestigung. Am Südostabhang des Monumentenberges, oberhalb des Grünen Tales, entsteht der komplette Nachbau eines Frontabschnitts, ausreichend für die Kriegsübungen eines Zuges von 60 bis 70 Mann. Errichtet wird ein ausgeklügeltes Grabensystem mit Hauptkampfgraben, sich von ihm wegwindenden Nebenarmen und Verbindungsgräben, Stellungen für Horchposten und ein Maschinengewehr. Auch an möblierte Unterstände und Latrinen für die Mannschaften ist gedacht worden. Beschützt vor dem vermeintlichen Gegner wird das Ganze durch zahlreiche Hindernisse, reichlich Stacheldraht und auf der Erde ausgelegte Schlingen, auch durch sogenannte Wolfsgruben, etwa 80 Zentimeter tiefe Löcher mit spitzen Holzpflöcken zum Aufschlitzen der Feinde und letztendlich durch Spanische Reiter, eine Konstruktion zusammengesetzter Holzstangen, durch welche kein Gegner hindurchkriechen kann.

Schützengrabenanlagen zu Übungszwecken gibt es zahlreiche in Deutschland. Anfangs bemüht man sich um möglichste Geheimhaltung, wenigstens wird versucht, Neugierige fernzuhalten. In einer Anzeige in der mecklenburgischen Zeitung vom 8. Juli 1915 wird eindringlich vor dem Betreten des Geländes gewarnt. Später entschließt man sich aber an verantwortlicher Stelle, die Grabenanlagen auch weiten Teilen der Bevölkerung zugänglich zu machen. Ehemalige Soldaten und Teilnehmer an früheren Kriegen, zumeist Mitglieder der Schweriner Militärvereine, interessieren sich besonders für die Anlagen. Um diese in Augenschein zu nehmen, versammelt sich am Sonntag, dem 8. August 1915, eine Gruppe Altgedienter um 9 Uhr auf dem Alten Garten und marschiert geschlossen zum Großen Dreesch hinaus. Einlass finden die Besucher an der Gabelung Crivitzer Chaussee und dem Weg nach Plate, am südlichen Ende des Faulen Sees. Generalleutnant von Hoppenstedt, Exzellenz und Kontingentkommandeur, begrüßt die Anwesenden persönlich. Nach einer kurzen Ansprache begibt sich die Gruppe in die Schützengräben. Unter Führung eines Offiziers und mehrerer Unteroffiziere, die bereitwillig und ausgiebig Auskünfte erteilten, werden die Anlagen besichtigt. Der Eintritt ist frei, jedoch sind auf dem gesamten Gelände Sammelbüchsen für freiwillige Gaben aufgestellt. Die Einnahmen werden dem Roten Kreuz, dem

Hilfswerk und anderen vaterländischen Einrichtungen zur Verfügung gestellt.

Bereits ein Jahr später wird die Anlage durch randalierende Jugendliche verwüstet. Fast alle Kinder und Jugendliche wachsen ohne Vater auf. Die Mütter sind gezwungen, sich Verdienstmöglichkeiten zu suchen und sind mit der Erziehung überfordert. Auch die Lehrer verlieren immer mehr Einfluss auf die Jugendlichen. Ihre Arbeitsbelastung steigt, je mehr von den jüngeren Lehrern eingezogen werden. Die Aktivitäten der jüngeren Schüler sollen sie überwachen, über das Treiben der älteren außerhalb der Schulzeit haben sie längst die Kontrolle verloren. Diese üben sich bald in kleineren und größeren Diebereien. Vor allem die Gartenbesitzer werden von ihnen geplagt. Um den Gartenräubereien Einhalt zu gebieten, erwägt man, freiwillige Gartenwehren zu gründen.

Um die Erziehung besonders der männlichen Jugend in geregelte Bahnen zu lenken, werden die Großherzoglich-Mecklenburgischen Jugendtruppen gebildet. Hauptziel ist die Vorbildung für den Militärdienst. Aus den sogenannten Jungmannen wird in Schwerin ein Jugendbataillon gebildet. Die in vier Kompanien eingeteilten Jugendlichen üben sich regelmäßig im Wehrturnen und veranstalten Wettkämpfe. Hauptbestandteil der Übungen sind Hindernislauf, Handgranaten-Weitwurf, Weitsprung und Hundertmeterlauf. Austragungsorte sind der Große Exerzierplatz auf dem Dreesch und der Kleine Exerzierplatz vor dem Militärlazarett am Totendamm. Nebenbei betätigen sich diese Jugendverbände auch noch mit etwas Sinnvollem. So zieht die zweite Kompanie der Schweriner Jugendtruppe ins Werderholz, um Torfmoos als Ersatz für Verbandswatte zu sammeln. In der sogenannten Reichswollwoche werden in den Haushalten gesammelte alte Wollsachen von den Jungmannen abgeholt und auf Wagen verladen. Die Lazarettverwaltung entlasten sie, indem sie das Paketaustragen für die Verwundeten übernehmen. Im Winter helfen sie, den Schnee von den Straßen zu räumen. Auch zu Hilfsleistungen in der Landwirtschaft werden die Jugendlichen herangezogen. Gegen Ende des Krieges lösen sich die Verbände von alleine auf.

Mit zunehmender Kriegsdauer verschlechterte sich die Versorgungslage auf allen Gebieten. Um das Interesse der Bevölkerung am Kriegsgeschehen wach zu halten, werden Ausstellungen arrangiert. Konzipiert als Wanderausstellung tourt die Deutsche Kriegsausstellung durch das gesamte Deutsche Reich. In Schwerin sind die Exponate im Mai 1916 zwei Wochen lang zu besichtigen. Ausrichter ist der Mecklenburgische Landesverein vom Roten Kreuz. Gezeigt werden Beutestücke von allen

Deutsche Kriegsausstellung 1916 im Marstall (Quelle: Ansichtskartensammlung von Andreas Bendlin)

Kriegsschauplätzen. Neben Handfeuerwaffen, Uniformen und Ausrüstungsgegenständen aller Art auch Geschütze, Flugzeuge und Militärfahrzeuge. In Vitrinen sind Kriegsorden, Fotografien und feindliche Propagandaschriften ausgelegt. Musikalisch umrahmt wird das Ganze durch die Kapelle des ersten Ersatzbataillons des Grenadier-Regiments 89 unter der Leitung des Kammermusikers Godknecht. Als Ausstellungsort dient die Reitbahn des Großherzoglichen Marstalls. Begleitet wird die Ausstellung mit Vorträgen zu kriegerischen Themen. Über „Belgien unter deutscher Verwaltung" können sich Interessierte am 9. Mai im Saal des Nordischen Hofes, heute Finanzministerium, informieren. Lichtbildervorträge wie „Die moderne Seeschlacht" oder „Der Luftkampf" sind in der Aula des städtischen Lyzeums in der Rostocker Straße zu sehen.

Die Ausstellung wird ständig erweitert und durch neu vom Kriegsschauplatz eintreffende Exponate ergänzt. In die Schweriner Schau gelangt am 6. Ausstellungstag ein Bronzetorpedo, das Aufsehen erregt. Wenig später treffen zwei fahrbare Feldküchen, eine deutsche und eine französische, ein und werden seitlich des Haupteinganges aufgestellt. Besonderes Interesse erweckt ein mit französischen Hoheitszeichen versehener englischer Bickers Doppeldecker. Mit zerschossenem Propeller wurde er hinter den

SÜDFLÜGEL DER SCHULE MIT HAUPTEINGANG UND TURM

(AUFNAHME AUS DEM JAHRE 1914)

Lyzeum in der Rostocker Straße (1914)
(Quelle: Das Lyzeum mit Studienanstalt in Schwerin 1911-1936, Schwerin o.J.)

deutschen Linien zur Landung gezwungen. Bestaunt wird auch ein über und über mit kleinen Seemuscheln besetztes viersitziges englisches Automobil, das bei der Flucht der Briten im Oktober 1914 aus Antwerpen in die Schelde gestürzt war und erst nach eineinhalb Jahren geborgen wurde. Neben französischen, englischen und russischen Beutestücken werden auch zahlreiche den Serben abgenommene Waffen gezeigt, ein Geschenk des Generalfeldmarschalls von Mackensen, Führer im Balkanfeldzug, an Herzog Johann Albrecht. Mit Genehmigung des Kriegsministeriums gelangen Souvenirs zum Verkauf. Angeboten werden unscharfe Panzergranaten, Sprengstücke, ausgebrannte, nicht explodierte Geschosse und Ähnliches.

Die Besucher kommen aus allen Teilen der Bevölkerung. Einheimische und auswärtige Schulklassen, Vereine und Privatpersonen. Sonnabend, den 13. Mai, gibt sich der Großherzog die Ehre. Empfangen wird er von

Staatsminister Langfeld und dem Ausstellungskomitee. Die Großherzogin erscheint mit dem Erbgroßherzog und dessen Bruder Christian Ludwig. Die Ausstellung endet am 21. Mai 1916.

Die Verherrlichung des Krieges in der Heimat hat mit der Wirklichkeit an der Front wenig zu tun, sie ist aber gängige Praxis, um die Bevölkerung am Kriegsgeschehen zu interessieren. Durch gemeinsame Sammelaktionen, Feiern und Rituale soll der Zusammenhalt in der Heimat gestärkt und Geld für karitative Zwecke eingenommen werden. Besonders beliebt ist das Benageln von Kriegswahrzeichen. In der Regel sind sie aus Holz und haben einen regionalen Bezug. Der Erlös von den verkauften Nägeln dient der besseren Versorgung verwundeter Soldaten oder hinterbliebener Familien. Kriegsnagelungen finden im ganzen Reich statt.

In Schwerin beginnen die Nagelungen im 2. Halbjahr 1915. Noch in kleinem Kreis findet im August die Nagelung eines Eisernen Kreuzes auf einer Holztafel im Restaurant Schiller, Ecke Werder- Lehmstraße, statt. Aufwendiger sind die Nagelung eines meterhohen Militärverdienstkreuzes aus Eichenholz am 21. September 1915 in der Artilleriekaserne, etwas später die eines nachgebildeten Eisernen Kreuzes zu Gunsten der Hinterbliebenen des Leibgrenadierregiments Nr. 8, dessen Chefin die Großherzogin ist.

Artilleriekaserne (Quelle: Ansichtskartensammlung des Autors)

Originell auch die Idee, auf dem Flugplatz in Görries einen Propeller zu benageln. Seitdem 1912 in Görries ein Flugplatz errichtet wurde, erlangt auch die Luftfahrtindustrie Bedeutung für Schwerin. 1913 verlegt die Fokker Aeroplan mbH ihren Betrieb von Berlin-Johannisthal nach Görries, das vier Jahre später von Schwerin eingemeindet wird. In der Stadt werden entsprechende Produktionsgebäude errichtet, auf dem Flugplatz drei Flugzeughallen und eine Tribüne für die Zuschauer. Auf eine Hallenwand ist ein übergroßes mecklenburgisches Militärverdienstkreuz gemalt, mittig darauf ist der Propeller befestigt. Am Sonntag, dem 22. November 1915 versammeln sich Mitglieder des Großherzoglichen Hauses, Offiziere, Abgeordnete der militärischen Vereine und zahlreiche Schaulustige. Nach der Begrüßung durch Fliegerleutnant Weber schlägt unter den Klängen des Musikkorps des Ersatzbataillons 76 der Großherzog den ersten Nagel ein. Die Nagelung findet auch in der überregionalen Presse Beachtung.

Töchterschule Lewinski in der Kaiser-Wilhelm-Straße (Quelle: Ansichtskartensammlung des Autors)

Auch Schulklassen und Vereine engagieren sich. Ende des Jahres 1915 findet die Nagelung eines Eisernen Kreuzes anlässlich einer Schulfeier zur Stiftung von Liebesgaben im Lewinski-Oldenburgischen Gymnasium in der Kaiser-Wilhelm-Straße statt. Anlässlich eines Fußballwettspiels um die Kreismeisterschaft veranstaltet der Fußballklub Union die Nagelung eines hölzernen Fußballs im Restaurant Zum Freischütz am Ziegenmarkt. Der Erlös kommt den Hinterbliebenen der Gefallenen des Grenadierregiments 89 zugute.

Kriegsnagelung in Schwerin.
Der zur Ausführung bestimmte Entwurf des Herrn Regierungsbaumeister a. D. Otto Glatz.

Zur Nagelung ist das Westportal des Domes bestimmt. Die Entwürfe, über welche wir in Nr. 542 unserer Zeitung berichteten, sind gegenwärtig im Großherzoglichen Museum ausgestellt.

Westportal des Domes: Entwurf der Kriegsnagelung. Mecklenburgische Zeitung vom 28. November 1915

Den größten propagandistischen Effekt erzielt zweifellos die Benagelung der zweiflügeligen Domtür am Westportal. Die Tür stammt aus der Werkstatt der Gebrüder Reinhard in der Johannesstraße, die Eisenbeschläge schmieden die Schlossermeister Schulz und John. Künstler und Laien haben sich mit Entwürfen an der Ausschreibung beteiligt. Die Arbeiten, unter anderem von den Malern Koenemann und Dettmann, dem Baurat Gustav Hamann und dem Hofbildhauer Max Buchholz, werden im Museum am Alten Garten ausgestellt.15 000 bis 20 000 Nägel sollen Platz finden. Zur Ausführung gelangt einer von zwei eingereichten Entwürfen des Regierungsbaumeisters a. D. Otto Glatz. Anfang Februar sollen die Türflügel fertiggestellt sein. Für den Beginn der Nagelung ist der 28. Februar 1916, der Geburtstag des Großherzogs, vorgesehen. Der Termin kann nicht gehalten werden. Erst vier Wochen später wird unter feierlichem Zeremoniell mit der Nagelung begonnen. Ab 10 Uhr ist an allen Schulen der Unterricht ausgesetzt. Unzählige Schaulustige drängen sich vor dem Dom, in der Bischofstraße und auf dem Posthof. Nach einer feierlichen Ansprache von Oberkirchenrat Dr. Behm schlägt Großherzog Friedrich Franz IV. den ersten Nagel ein. Es folgen die Mitglieder des fürstlichen Hauses, höhere Staatsbeamte, Militärs und die Honoratioren der Stadt. Anschließend Vertreter der Ärzteschaft, der hiesigen Banken und der Kaufmannschaft, sowie Vereine und Privatpersonen. Jeder, der einen Nagel einschlägt, darf sich in ein Nagelungsbuch eintragen. Die Nagelung wird in den kommenden Wochen fortgesetzt, die Tür bietet noch Platz für Tausende von Nägeln. Diese gibt es in verschiedenen Größen aus Silber und aus Eisen. Material, Größe und Position der Einschlagstelle an der Tür bestimmen den Preis. Nach dem ersten Tag werden die Preise etwas gesenkt. Die Nägel kosteten zwischen 1 und 25 Mark. Schulen und Vereine können Rabatte aushandeln. Sponsoren versorgen ganze Schulklassen mit Nägeln. Verkauft werden die Nägel im Rathaus und während der Nagelzeiten im Domturm. Genagelt wird nachmittags von 16 bis 19 Uhr. Zur Hilfeleistung beim Nageln steht ein geübter Handwerker bereit. Mitte Mai beträgt der Erlös bereits über 10000 Mark. Die Einnahmen werden für unterernährte oder an Tuberkulose erkrankte Kinder verwendet. Eine Ausstellung im großherzoglichen Museum zeigte ab August 1916 Fotografien und Entwürfe von Nagelungen im ganzen Land. Richard Wossidlo, der große Volkskundler, hat zahlreiche Anregungen zur Gestaltung gegeben. Häufig werden Kreuze gewählt, oft auch das Stadtwappen. Auch figürliche Darstellungen, wie der Vellahner Ritter als Reliefbild oder der Parchimer Ritter als Rundfigur, werden benagelt. Dort wo diese Kriegswahrzeichen sich erhalten haben, mahnen sie uns noch heute an einen der schlimmsten Kriege der Menschheit.

Mit der Zeit erlahmt das Interesse der Bevölkerung an derartigen Zeremonien. Die Versorgungslage verschlechtert sich zusehends, die Sorge um die Ernährung der Familie rückt in den Vordergrund. Die Stadtvertreter bemühen sich redlich, die Bevölkerung mit Lebensmitteln zu versorgen. So gelangt noch im Dezember 1916 ein Transport frischer schwedischer Heringe in die Stadt. Um Hühnereier zu ordern, werden Ankaufstellen errichtet. Die Maßnahme erweist sich jedoch als Flop. Eier werden so gut wie gar nicht abgeliefert. Zu viele Hennen sind schon in die Töpfe gewandert. Dass es manch einem besser gelingt als seinem Nachbarn, sich mit Lebensmitteln zu versorgen, ist nur natürlich. Schließlich werden im gesamten Stadtgebiet Nutztiere gehalten. Aber auch diese zu ernähren, fällt immer schwerer. Das Verfüttern von Brotgetreide wird schon 1915 verboten. Als Ersatz tritt die Verwertung von Küchenabfällen in den Vordergrund.

Der Magistrat beschließt, die Schulen der Stadt als Sammelstellen zu nutzen. Die Schülerinnen und Schüler werden angehalten, in Gefäßen oder Pergamenttüten jeden Morgen die Küchenabfälle von zu Hause mitzubringen. Diese gehen allerdings nur spärlich ein. Von 50 Kindern einer Klasse, die ihr Lehrer darüber befragte, bringen nur vier alle Abfälle mit. Die Eltern benutzen die Abfälle teils selbst, teils haben sie ihre Abnehmer. Dass es zu jener Zeit den meisten noch gut geht, beweist eine Untersuchung der Abfälle. Übrig gebliebene Kartoffeln, üppige Kartoffelschalen, Suppen- und Gemüsereste, Brotkrusten usw. zeugen jedenfalls noch nicht von Knappheit der Lebensmittel. Das wird sich bald ändern. Für Empörung sorgen einige besonders eifrige Tierfreunde, die meinen, auch im Winter 1916 noch die Möwen auf dem Pfaffenteich füttern zu müssen. Abgesehen davon, dass gerade Möwen das nicht nötig haben, ist es sicher unpassend, im dritten Kriegsjahr Brot an Wildtiere zu verfüttern.

Auch die Ressourcen der Wälder werden ausgeschöpft. Laub wird als Nahrungsergänzung für Tiere genutzt, Eicheln und Kastanien als Kaffeeersatz. Schwerin ist von ausgedehnten Buchenwaldungen umgeben. Zum Sammeln von Bucheckern werden die Kinder von der Schule freigestellt. Das aus den Bucheckern gewonnene Öl ist ein hervorragendes Speiseöl und lindert die Fettnot. Für das Sammeln von Pilzen und Waldbeeren werden Gebühren erhoben, Jugendliche und Schüler, unter Aufsicht ihrer Lehrer, dürfen auch ohne Abgaben sammeln. Sind die Wälder um Schwerin erst einmal abgeerntet, wird das nähere Umland aufgesucht.

Bahnhof Schwerin (Quelle: Ansichtskartensammlung des Autors)

Die Eisenbahn setzt Sonderzüge ein, als es im Sommer 1918 Tausende Schweriner zum Heidelbeerpflücken nach Hagenow zieht. Über 5 000 Fahrkarten werden ausgegeben. Jung und alt, wohlhabend und arm, die Frau Geheimrat neben der einfachen Arbeiterin, der bejahrte Junggeselle als auch die jüngsten Erstklässler machen sich in den frühen Morgenstunden des 1. Juli zum Bahnhof auf. Der ganze Bahnhofsvorplatz ist mit Menschen angefüllt, die Bahnhofshalle und die Bahnsteige werden besetzt. Polizisten und Wachmannschaften sind überfordert und können keine Ordnung halten. Als der Sonderzug einfährt, erreicht das Gedränge seinen Höhepunkt. Viele verschaffen sich durch die Waggonfenster Zutritt in die Abteile. Sogar die Toiletten werden mit mehreren Personen besetzt. Bei einigen Waggons biegen sich die Federn durch. Der nächste, fahrplanmäßige Zug nach Hagenow ist gleichfalls voll besetzt. Ein zweiter Sonderzug nimmt um 7 Uhr den Rest der Beerenpflücker auf. Dass in der Hagenower Heide reichlich Heidelbeeren zu finden sind, hat sich auch anderswo herumgesprochen. Schon seit Tagen pilgern Beerensammler aus Hamburg und Berlin, aus Boizenburg oder Wittenburg in die Gegend um zu ernten. Bei dem enormen Andrang auf dem Schweriner Bahnhof wird auch so manchem klar, dass für den Einzelnen nicht viele Beeren übrig bleiben können. Viele der Älteren haben ein Einsehen, lassen sich den Fahrpreis zurückerstatten und bleiben zu Hause. Trotz des Gedränges in der Hagenower Heide gelingt es einigen, bis zu fünf Kilogramm Beeren einzusammeln. Der größte Teil der Beerenpflücker kehrt aber unzufrieden zurück. Da wäre gar nichts mehr zu holen, heißt es von vielen. Diese Ansicht ist subjektiv sicher richtig und auf das Pech des Einzelnen zurückzuführen, der an keine ergiebige Stelle gelangt ist. Tatsächlich wird am nächsten Morgen wieder ein Sonderzug eingesetzt, der voll besetzt ist. Die Hagenower werden sich für diese Invasion bedankt haben.

Aber nicht nur an Lebensmitteln mangelt es. Gesammelt und verwertet wird alles Erdenkliche. Um noch an die letzten Ressourcen heranzukommen, wird den Hausfrauen ins Gewissen geredet. Zur Herstellung einer einzigen Wein-, Bier- oder Mineralwasserflasche würden 1,5 Kilogramm Kohle benötigt. Tausende Flaschen würden aber noch unbenutzt auf Böden und in Kellern herumliegen. Bislang seien unzählige Glasflaschen in leichtsinniger Weise zertrümmert worden. Man solle doch bedenken, dass Flaschenscherben das Schuhwerk gefährden. Auch die Brauereien Feltmann, Paulshöhe und Schall und Schwencke mahnen dringend zur Rückgabe leerer Bierflaschen. Altpapier wird von zu Hause abgeholt. Die Schweriner werden aufgefordert, Zeitungen, Zeitschriften, Akten, Geschäftsbücher, Kartons und Pappen bereitzuhalten. Die Termine der Abholung werden in der Tagespresse bekannt gegeben.

Die „Mecklenburger Nachrichten" und die „Mecklenburgische Zeitung" schaffen es, ihren Betrieb über die Kriegsjahre aufrechtzuerhalten. Durch mangelnde Gaszufuhr werden zeitweise die Setzmaschinen außer Betrieb gesetzt. Die Leser müssen sich mit Notausgaben begnügen.

Kupfer wird schon 1915 beschlagnahmt, kupferne Kessel werden durch verzinkte ersetzt. Eindringlich wird davor gewarnt, Nahrungsmittel darin zuzubereiten. Als Spurenelement ist Zink zwar wichtig für die menschliche Gesundheit, eine zu hohe Konzentration verursacht jedoch Magenkrämpfe, Hautreizungen und Brechreiz. Der Rohstoffhunger der Rüstungsindustrie macht auch vor den Stammtischen nicht halt. Bierglas- und Bierkrug-Deckel werden kurzerhand beschlagnahmt und enteignet. Oft waren in die Deckel persönliche Erinnerungen an die Militärzeit oder an ein Dienstjubiläum eingraviert. So mancher alter Knabe mag zu vorgerückter Stunde versonnen und wehmütig auf seinen deckellosen Krug gestarrt haben. Und ihre Kirchenglocken müssen die Schweriner, wie anderswo auch, auch noch opfern. Im Juli 1917 werden zwei Glocken vom Turm der Paulskirche heruntergenommen, um zu Mordwerkzeugen umfunktioniert zu werden. Den anderen Schweriner Kirchgemeinden soll es nicht besser ergehen.

Paulsstraße und Paulskirche (Quelle: Ansichtskartensammlung des Autors)

Von manchen Dingen mögen sich die Schweriner, trotz allem Patriotismus, gar nicht gerne trennen. Von ihren Fahrradreifen. Wiederholt wird in den Tageszeitungen die Ablieferung auf der Sammelstelle im Stadthaus angemahnt. Appelliert wird an die Einsicht und das vaterländische Empfinden der Betroffenen. Für Decken und Schläuche wird eine Entschädigung von 25 Pfennig bis 4 Mark, gestaffelt nach dem Erhaltungszustand, bezahlt. Die Fristen zur Ablieferung werden immer wieder verlängert. Verstecken lassen sich die Reifen nicht, wenn man damit fahren möchte. Und als letztendlich Geldstrafen oder gar Gefängnis angedroht werden, liefern auch die letzten Säumigen schweren Herzens die Räder ab. Die Alternativen, die angeboten werden, erscheinen wenig komfortabel. Als Ersatz für beschlagnahmte Gummireifen können Schiffstaue verwendet werden. Manch einer versucht sein Glück auch mit der Spiralfederbereifung „Spirola". Eine ganz eigene Fahrradbereifung erfindet der Schweriner Gymnasiast Hermann Westendorf. „Die Beschlagnahme der Gummireifen durch die Heeresverwaltung brachte mich auf den Gedanken, etwas zu erfinden, was die Gummireifen ersetzen könnte, damit ich meine Ausfahrten aufs Land und in das herrliche Buchholz nicht aufgeben brauche. Elastisch musste der Ersatz sein, Holz ging nicht und Zeugstoffe hielten nicht, somit verfiel ich auf die Verwendung von Flaschenkorken." Die Korken von Weinflaschen sind zu lang und müssen gekürzt werden. Die Korken von Bierflaschen, die damals noch zugekorkt werden, passen genau. 220 Stück werden parallel zu der Achse in die Felge gedrückt. Auf glatten Straßen und Landwegen fährt es sich ganz leidlich, holprigem Kopfsteinpflaster halten die Korken aber nicht lange stand.

Erfindungsgeist ist auch beim Schuhwerk gefragt. Schuhe werden zugeteilt und nur gegen Bedarfsscheine ausgegeben. Um kaputte und verschlissene Schuhe zu reparieren oder auszubessern, fehlt es an Schuhmachern, von denen viele an der Front sind. Um Abhilfe zu schaffen, wenden sich die Stadtvertreter an die von der Großherzogin eingerichtete Kriegsschuhflickerei. Hier werden Frauen und ältere Männer in den wichtigsten Arbeiten der Ausbesserung von verschlissenen Schuhen durch einen Fachmann unterrichtet. Das erworbene Wissen wird an Nachbarn und Freunde weitergegeben. Schuhsohlen werden aus alten Filzhüten, Lumpen und dergleichen gefertigt. Holzschuhe kommen wieder in Mode. Im Winter werden sie durch Einlagen von Heu oder Stroh besonders wärmespendend gemacht.

Zu Hause werden auch Bekleidungsstücke für die Angehörigen an der Front gefertigt. Stricken von Schals oder Handschuhen ist den meisten

Hausfrauen geläufig. Für die Männer an der Ostfront werden jetzt auch Ohren- und Lungenschützer, Leibbinden und Schneehauben gestrickt. Für warme Bekleidung der im Osten und in den Karpaten kämpfenden Soldaten sorgen auch die Frauen und Mädchen der Kriegsnähstube. Jeden Montag und Donnerstagnachmittag treffen sie sich in der Blücherstraße 19, um von der Bekleidungskammer gelieferte Uniformen zu unterfüttern und zu vervollständigen.

Vor allem der ärmeren Bevölkerung fällt es immer schwerer, sich mit Kleidung zu versorgen. Um Abhilfe zu schaffen, eröffnet im Oktober 1917 in der Königsstraße 32 ein staatlicher Altkleiderladen. Der Andrang ist riesig, die Bestände sind aber auch nicht gering. Dicht an dicht hängen Mäntel, Anzüge und Kleider, über 1 000 Paar Schuhe können zu moderaten Preisen gegen Bezugsscheine erworben werden. Für Unmut sorgt, dass sich auch besser Bemittelte, die sich durchaus Neuware leisten können, hier eindecken wollen.

Auch für die Soldaten an der Front und für die Verwundeten in der Heimat wird alles Mögliche in Bewegung gesetzt. So veranstaltet die Firma Kurt Wahnschaft, Papierhandlung in der Kaiser-Wilhelm-Straße, ein großes Bohnenraten. 2 194 Bohnen sind in einem Glasbehälter ausgestellt. Für 10 Pfennige kann jeder Kunde sich beteiligen. Gewinner sind diejeni-

Kaiser-Wilhelm-Straße (Quelle: Ansichtskartensammlung des Autors)

gen, welche die Zahl erraten oder ihr am nächsten kommen. Die vom Geschäft gestifteten Preise sind für Damen eine japanische Teekanne mit Sahnetopf und Zuckerdose, für Herren ein Goldfüllfederhalter und für Kinder ein Jugendbuch. Über 60 Mark können eingesammelt werden. Kanonier Bruns kommt mit erratenen 2 191 erratenen Bohnen dem tatsächlichen Inhalt am nächsten.

Auch Künstler stellen sich in den Dienst der Gemeinschaft. So stellt der Kunstmaler und Grafiker Richard Tscheked eine große Anzahl Kunstblätter zum Verkauf. Tscheked stammt aus Weinböhla bei Dresden. Mit der Schwerinerin Gertrud Voß verheiratet, die ebenfalls Malerei studiert hat, nimmt er 1918 seinen ständigen Wohnsitz in Schwerin. Später wird er einer von fünf Künstlern sein, die mit der Ausgestaltung des beliebten Reutergeldes beauftragt werden. Den Erlös der zum Verkauf gelangten Blätter lässt er dem Kriegsblindenheim der Großherzogin Elisabeth von Oldenburg zukommen. Elisabeth ist die älteste Tochter von Friedrich Franz II. Ihre Ehe gilt als zerrüttet. Seit 1910 lebt sie bei ihrer Mutter Marie im Schloss in Raben Steinfeld. Spenden für das Blindenheim gehen auch aus Norwegen ein. Viele Norweger erinnern sich dankbar an die deutsche Hilfe nach dem verheerenden Stadtbrand von Alesund, der im Januar 1904 fast die komplette Innenstadt zerstörte. Ein Fräulein aus der norwe-

Krieger-Blindenheim der Großherzogin von Oldenburg (Quelle: Ansichtskartensammlung von Andreas Bendlin)

gischen Stadt Bergen, Viktoria Bauermeister, übergibt eine höchst willkommene Sendung mit Sachspenden zur Weiterleitung an das Blindenheim, das Marien-Lazarett und an das Garnisonslazarett. Eine Geldspende überreicht sie der verwitweten Großherzogin Marie für Zwecke des Marien-Frauenvereins.

Auch die sogenannte Kriegsschreibstube ist auf eine Anregung der Großherzogin Elisabeth zurückzuführen. Eröffnet wird die Schreibstube bereits im August 1914. Ehrenamtliche Helferinnen setzen für Schreibunkundige Briefe auf, adressieren Feldpostkarten und Pakete und formulieren Gesuche in Militärangelegenheiten. Elisabeth übernimmt die Kosten für Packpapier, Feldpostkarten und Umschläge. Nicht ganz unkompliziert gestalten sich die Sendungen an die Angehörigen in Kriegsgefangenschaft. Immer wieder versuchen Einzelne, trotz strengsten Verbots, Bilder oder Angaben über den wahren Kriegsverlauf in die Pakete einzuschmuggeln. Werden diese entdeckt, führt das zum Verlust der Sendungen und zu Ärger für den Empfänger. Über 40 000 Pakete und einige 10 000 Briefe und Karten werden im Verlauf des Krieges über die Kriegsschreibstube abgewickelt.

Und verdienen lässt es sich am Krieg auch ganz gut. Da es den Soldaten an der Front an nichts fehlen soll, schicken die Angehörigen fleißig Pakete. Ganz normale Friedensware wird in den Geschäften plötzlich als besonders fronttauglich angeboten. Hoch im Kurs stehen Rauch- und Tabakwaren, Briefpapier, Taschenmesser oder auch Spiegel, die leicht zerbrechen. Einen Spiegel der besonderen Art bietet Paul Krille, Hofoptiker und Mechaniker, in der Königsstraße an. Einen Zielspiegel mit dem Namen „Lodder“, der es ermöglicht, aus gedeckter Stellung genau zu zielen und zu schießen. Warum der „Lodder“ heißt, und ob die Benutzung den Soldaten überhaupt erlaubt ist, bleibt noch zu ergründen.

Da viele Männer als Arbeitskräfte nicht mehr zur Verfügung stehen, müssen die Frauen helfen. Für die meisten ungewohnt, war doch ihr Leben bis dahin von Familie und Hauswirtschaft bestimmt. Frauen aus ärmeren Schichten, etwa als Munitionsarbeiterinnen, mag man sich noch vorstellen. Aber Frauen in der städtischen Verwaltung? In Schwerin, wo noch nicht einmal alle Männer und Steuerzahler ein kommunales Wahlrecht besitzen? Und doch richtet der Schweriner Hausfrauenverein einen Antrag an den Bürgerausschuss für eine Eingliederung von Frauen in die Lebensmittelkommission und in die Preisprüfstelle.

Für so manchen vornehmen älteren Herren ist es schon ungeheuerlich, dass ihm neuerdings seine Briefe durch zarte Frauenhände zugestellt werden. Aber der Kaiserlichen Post gehen die Briefträger aus. Das wiederum fördert die Einführung einer Neuerung, die anderswo schon längst Verwendung findet, des Hausbriefkastens. Ausdrücklich wird darauf hingewiesen, die Zusteller an den Türen nicht warten zu lassen oder mit Geldwechseln, Markenkauf und Anfragen aufzuhalten. Jeder Hauseigentümer wird aufgefordert, zur Erleichterung der Briefzustellung an den Hauseingängen Briefkästen oder Briefeinwürfe anzubringen.

E-Werk (Quelle: Ansichtskartensammlung des Autors)

Erhebliche Einschränkungen müssen bei der Energieversorgung hingenommen werden. Infolge des Mangels an Leuchtstoffen und des enormen Bedarfs der Kriegsindustrie steigt der Stromverbrauch rasant an. Die Straßenbeleuchtung wird für die Dauer des Krieges stark eingeschränkt. Auch Schaufenster dürfen nur zeitweise beleuchtet werden. Um zusätzlich Strom zu erzeugen, wird am Elektrizitätswerk eine Lokomobile aufgestellt. Defekte Maschinen und Schäden am Kabelnetz sorgen außerdem für Stromausfälle. Durch ein defektes Kabel zwischen den Trafostationen am Jägerweg und bei Paulshöhe werden im November 1916 Teile des Schlossgartens sowie die Ortschaften Zippendorf und Mueß von der Stromversorgung abgeschnitten. Um Strom zu sparen, wird auch der Straßenbahnverkehr stark eingeschränkt. Dass er zu Beginn des Jahres 1917 für Wochen ganz eingestellt wird, sorgt für Unmut bei den Abonnenten, die für eine Jahreskarte 62 Mark bezahlt haben.

Im Sommer 1918 wird den Schwerinern bekanntgegeben, dass sie mit einer außerordentlich großen Einschränkung bei der Versorgung mit Kohlen zu rechnen haben. Den Verständigen ist sofort klar, dass es wohl überhaupt keine Kohlen geben wird. Die Bevölkerung wird aufgerufen, sich mit Holz oder Torf einzudecken. Unterdessen tobt draußen weiter der Erste Weltkrieg, in der Heimat suchen die Menschen nach Ablenkung. 1917, wie jedes Jahr im Winter, zieht es die Schweriner aufs Eis, die vielen Seen laden dazu ein, und sie fordern ihren Tribut, Jahr für Jahr.

Eislauf auf dem Pfaffenteich (Quelle: Ansichtskartensammlung des Autors)

Es ist Donnerstag, der 25. Januar, Frost herrscht erst seit zwei Wochen und die Gewässer der Stadt haben ihre Tücken. Besonders gewarnt wird vor dem Betreten des Eises des Ziegelsees. Doch das schreckt hier niemand ab. Erwachsene und Kinder tummeln sich zahlreich auf dem See. Und das Verhängnis nimmt seinen Lauf. Es ist früh am Nachmittag. An der Westseite des Sees, am Lewenberg, bricht ein Schüler ein. Er kommt mit nassen Kleidern und dem Schrecken davon. Auf der gegenüberliegenden Seite ergeht es den Leuten nicht besser.

Unweit der Möwenburgstraße, stadteinwärts am Ostufer des Ziegelsees, bricht eine Frau ein. Sofort eilen Spaziergänger und am Ufer beschäftigte Arbeiter des Fischers Warncke herbei. Instinktiv handeln sie richtig, legen sich flach auf das Eis und bilden eine Kette. Besonders engagiert zeigt sich Dr. Kästner, Hautarzt und Betreiber einer Lichtheilanstalt am Luisenplatz. Kästner, der seinen Fronteinsatz schon hinter sich hat, scheut keine Gefahr. Während die Frau gerettet wird, rutscht er selber ins Wasser, und es kostet alle Beteiligten erhebliche Mühe, den jetzt selbst in Lebensgefahr schwebenden Doktor zu retten.

Bauingenieur Hans Marung, der sich an der Rettung Dr. Kästners beteiligte, eilt nach Hause, um die nassen Sachen vom Körper zu kommen. Kaum hat er den Spieltordamm überquert, dringen schon wieder Hilferufe an sein Ohr. Unweit des Dammes in Richtung Gaskessel ist ein Junge eingebrochen. Und wieder gerät einer der Retter in Bedrängnis. Marung, zu Hilfe eilend, bricht ebenfalls ein, und während der Knabe von seinen Mitschülern an Land gezogen werden kann, kämpft jetzt Marung um sein Leben. Unter großen Anstrengungen, mit Stangen und Stricken, gelingt es, den Ingenieur wieder aufs Trockene zu bringen. Diese Unfälle ereigneten sich auf dem Ziegelinnensee.

Spieltordamm (Quelle: Ansichtskartensammlung von Andreas Bendlin)

Doch nicht wenige wagen sich auch weiter hinaus auf den Außensee. An seiner nördlichen Spitze reicht er bis Wickendorf und mündet durch den Langen Graben in den Schweriner See. Schon am Morgen soll es auch hier zu Einbrüchen gekommen sein. Zwei Offiziere und ein Jugendlicher konnten sich retten, doch es sollte schlimmer kommen. Bürgerschüler Hans Burmeister, 12 Jahre alt, und der 18-jährige Willy Junge, beide in der Werdervorstadt wohnhaft, vergnügen sich hier beim Schlittschuhlauf. Eine hier wenig tragfähige Eisfläche wird sogar von Spaziergängern von Land aus erkannt, denn am Rand derselben macht sich ein bedrohliches Krachen bemerkbar. Die beiden Ahnungslosen steuern direkt darauf zu. Pastor Romberg, zweiter Pfarrer an der Schweriner Schelfkirche, mit seinem 14-jährigen Sohn Martin unterwegs, versucht zu warnen. Auch scheinen die beiden seine Rufe vernommen zu haben und wollen die Stelle umfahren, doch es ist zu spät. Beide brechen ein und versinken im Wasser. Hans August Scheven, Oberprimaner am Friedericianum, mitten im Abiturexamen stehend, ist als Erster zur Stelle, will retten und bricht ebenfalls ein. Jetzt eilen Romberg und sein Sohn herbei. Es gelingt ihnen, flach auf dem bedrohlich wankenden Eis bis an die Unglücksstelle heranzukriechen. Nur noch einer der Verunglückten hält sich über Wasser. Der Sohn des Pastors wirft ihm einen Mantel zu, sie wollen ihn damit aufs Eis ziehen, doch er kann sich nicht mehr halten und taucht unter. Er kommt noch einmal an die Oberfläche, aber auch ein zweiter Rettungsversuch scheitert und er versinkt. Dann herrscht Ruhe, vielleicht nur unterbrochen durch das Schluchzen des kleinen Romberg. Einen Tag später. Wieder sind die Arbeiter des Fischers Warncke zur Stelle. Diesmal, um die Toten zu bergen.

Am anderen Ende Schwerins, in der Feldstadt, scheint sich das Unglück noch nicht herumgesprochen zu haben. Der 13-jährige Sohn des im Felde stehenden Lehrers Wandschneider, Erich, läuft Schlittschuh auf dem Ostorfer See und bricht ein. Ein Offiziersbursche, der helfen will, gerät ebenfalls in Lebensgefahr und kann nur mit Mühe von herbeieilenden Passanten gerettet werden. Die Leiche des kleinen Wandschneider wird erst am darauffolgenden Tag geborgen. Es soll nicht der letzte Unglückstag für die Schweriner gewesen sein, der Krieg dauert noch über ein Jahr fort und wird ihnen noch viel Not, Kummer und Elend bringen.

Verzeichnis der Straßen und Orte

Alexandrinenstraße: in der Paulsstadt westlich am Pfaffenteich gelegen

Alter Garten: begrenzt von Museum, Theater, dem Alten Palais, Schweriner See und Burgsee

Altes Palais: als herzoglicher Wohnsitz genutztes Gebäude, wurde Ende des 18. Jahrhunderts am Alten Garten errichtet

Amtstraße: zwischen Ziegenmarkt und Ferdinand-Schultz-Straße

Anastasiastraße: seit 1945 Gaußstraße, zwischen Pfaffenteich und Schelfmarkt

Annastraße: heute Teil der Werderstraße vom Alten Garten bis zum Großen Moor

An der Crivitzer Chaussee: führt zum Ortsausgang Richtung Crivitz

Apothekerstraße: parallel zum Ostufer des Pfaffenteiches von der Körnerstraße bis zum Schweinemarkt

Arsenal: errichtet 1840-1844, am Südwestufer des Pfaffenteiches, Zeughaus, später Kaserne

Arsenalberg: Teil der Arsenalstraße

Arsenalstraße: zwischen Pfaffenteich und Wismarscher Straße

Artilleriekaserne: Alte und Neue, in der Johannes-Stelling-Straße gelegen

Baderstraße: im Stadtzentrum zwischen Markt und Altem Garten

Bahnhof: eröffnet 1847, das noch heute existierende Hauptgebäude entstand 1890

Bergstraße: vom Ziegenmarkt bis zur Knaudtstraße

Berliner Tor: vor dem Platz der Jugend, 1844 als Wohn- und Zollhaus gebaut

Beutel: heute Stadthafen am Schweriner Innensee

Bischofstraße: zwischen Dom und ehemaligem Hauptpostamt

Bleicherstraße: parallel zum Ostorfer Ufer

Blücherstraße: heute oberer Teil der Arsenalstraße zwischen Wittenburger Straße und Wismarscher Straße

Burgsee: befindet sich direkt am Schloss und ist als Bucht des Schweriner Innensees durch die Schlossinsel und zwei Brücken von diesem getrennt

Elektrizitätswerk: 1904 am Spieltordamm in Betrieb genommen

1., 2. und 3. Enge Straße: zwischen Mecklenburgstraße und Puschkinstraße

Fähre: Ausflugsziel an der Verbindung des Schweriner Sees mit dem Störkanal

Fauler See: zwischen Ludwigsluster/Crivitzer Chaussee und dem Schleifmühlenweg

Feldstraße: zwischen Karl-Liebknecht-Platz und Stiftstraße

Fließgrabenstraße: ab 1850 südlicher Teil der Mecklenburgstraße

Franzosenweg: Promenade am Schweriner See bis nach Zippendorf

Friedrich-Franz-Straße: heute Teil der Lübecker Straße zwischen Platz der Freiheit und Gosewinkler Weg

Friedrichsthal: Ortsteil im Westen der Stadt

Friedrichstraße: zwischen Pfaffenteich und Puschkinstraße

Fritz-Reuter-Straße: zwischen Wittenburger Straße und Wallstraße

Gaskessel: Gasometer in der Wissmarschen Straße, abgerissen

Görries: Ortsteil im Süden der Stadt

Grambower Moor: Regenmoor, etwa 8 km westlich von Schwerin

Greenhouse (Grünhaus): Sommerresidenz im Schlossgarten

Grenadierstraße: seit 1950 Friedensstraße, zwischen Platz der Freiheit und Wittenburger Straße

Großer Dreesch: heute Plattenbausiedlung, im 19. Jahrhundert Exerzierplatz

Großer Exerzierplatz: auf dem Großen Dreesch gelegen

Großer Moor: zwischen Puschkinstraße und Marstallhalbinsel

Großer Stein: der sogenannte 7,4 m^3 messende Große Stein befindet sich circa einen Kilometer nordwestlich der Insel Kaninchenwerder im Schweriner Innensee

Grotte im Burggarten: 1852 aus Findlingen aufgetürmte Grotte am Schloss

Grünhausgarten: Teil des Schlossgartens

Güstrower Tor: Stadttor am Neustädtischen Friedhof, von Demmler erbaut

Haselholz: Flurbezeichnung, Gebiet am südlichen Stadtrand

Helenenstraße: zwischen Marienplatz und Mecklenburgstraße

Hermannstraße: zweigt vom Platz der Jugend ab

Hintenhof: heute Bornhövedstraße, in der Werdervorstadt

Hoftheater: bis 1836 von Demmler am Alten Garten errichtet, 1882 durch Brand vernichtet, Neubau nach Entwürfen von Georg Daniel 1886 eingeweiht

Hospitalstraße: seit 1843 neben dem ehemaligen städtischen Krankenhaus

Jägerstraße: heute Große Wasserstraße, nördlich des Ostorfer Ufers gelegen

Jägerweg: westlich des Schlossgartens

Johannesstraße: zwischen Wittenburger Straße und Steinstraße

Jüdischer Friedhof: zwischen dem Schweriner Innensee und dem Heidensee gelegen

Kaiser-Wilhelm-Straße: heute Mecklenburgstraße, im Stadtzentrum

Kalkwerder: älteste Badeanstalt in Schwerin, am Südufer des Schweriner Innensees

Kaninchenwerder: Insel im Schweriner Innensee

Karlsberg: Hügel auf dem Schelfwerder, am Ziegelaußensee

Katholischer Friedhof: an der Wismarschen Straße gelegen, 1861 eingeweiht

Kleiner Exerzierplatz: zwischen Wittenburger Straße und Wallstraße gelegen

Klosterhof: später Klosterstraße, benannt nach einem Franziskanerkloster

Knaudtstraße: zwischen Bergstraße und Werderstraße

Komödienstraße: an der westlichen Seite des Theaters, seit 1841 Theaterstraße

Königsstraße: heute Demmlerplatz, zwischen Mozart- und Steinstraße

Kreuzkanal: Bestandteil des Schlossgartens

Landreiterstraße: südlich des Ziegelinnensees

Langer Graben: verbindet den Ziegelsee mit dem Schweriner See

Lankow: Vorort von Schwerin, 1928 eingemeindet

Lankower See: im Westen Schwerins zwischen Neumühle und der Weststadt

Lehmstraße: zwischen Werderstraße und Bergstraße

Lewenberg: Stadtteil im Norden der Schweriner Altstadt

Lindenstraße: führt um die Schelfkirche herum

Lübecker Straße: zwischen Wittenburger Straße und Platz der Freiheit, später bis nach Lankow

Luisenplatz: heute Grunthalplatz, vor dem Bahnhof gelegen

Luisenstraße: heute Heinrich-Heine-Straße, zwischen Wittenburger Straße und Steinstraße

Lützower Straße: heute Röntgenstraße, zwischen Schelfmarkt und Pfaffenteich

Marienplatz: Platz im Zentrum der Stadt

Marienstraße: am Ostufer des Pfaffenteiches

Marstall: 1838-1842 erbaut auf einer kleinen Landzunge, den ehemaligen Wadewiesen, heute Marstallhalbinsel, am Westufer des Schweriner Innensees

Medeweger See: zwischen Klein- und Groß-Medewege im Norden der Stadt

Monumentenberg: Anhöhe auf dem Großen Dreesch, ein Denkmal zum Gedenken an die in den Kriegen 1848/49 gefallenen mecklenburgischen Soldaten wurde dort 1853 errichtet

Möwenburgstraße: zwischen Ziegelinnen- und -außensee

Münzstraße: verbindet die Burgstraße mit dem Ziegenmarkt

Neuer Friedhof: heute als Alter Friedhof bezeichnet, Platz vor dem damaligen Feldtor, 1863 eingeweiht

Neustadt: Gebiet nördlich der Altstadt

Ostorfer Hals: Gebiet zwischen dem Faulen See und dem Schweriner See, im Volksmund heute „Schlossgartenviertel“ genannt

Ostorfer See: im südlichen Stadtgebiet, in drei Teile geteilt

Ostorfer Ufer: Trasse am Nordrand des Ostorfer Sees

Paulshöhe: Flurbezeichnung eines Gebiets östlich des Faulen Sees

Paulsstraße: Teil der heutigen Franz-Mehring-Straße

Pfaffenteich: kleiner künstlich angelegter See im nördlichen Stadtgebiet

Poststraße: heute Teil der Mecklenburgstraße

Raben Steinfeld: Hausgut und Sommerresidenz der Großherzöge südlich der Stadt

Regierungsgebäude, auch Kollegiengebäude: in der Schlossstraße

Rostocker Straße: heute Goethestraße, zwischen Marienplatz und Platz der Jugend

Sachsenberg: Flurbezeichnung

Salzstraße: parallel zur Schlossstraße

Schelffeld: Flurbezeichnung am Ziegelinnen- und -außensee

Schelfmarkt: zentraler Platz in der Schelfstadt

Schelfwerder: Gelände mit Waldbestand, Gärten und Wiesenflächen, zwischen Heidensee, Schweriner Innensee und Ziegelaußensee

Schlachterstraße: im Zentrum der Stadt hinter dem Markt gelegen

Schlachthofplatz: in einigen Stadtplänen so benannter Platz vor dem ehemaligen Schlachthof am Ostorfer Ufer

Schlossbleiche: Wiesen-, Rasenstück am Burgsee, auf dem die Wäsche zum Bleichen ausgelegt wurde

Schlossgartenpavillon: 1818 als Konzertcafé errichtet

Schlossstraße: verbindet den Alten Garten mit der Mecklenburgstraße

Schmiedestraße: zwischen Markt und Mecklenburgstraße

Schulstraße: zwischen Pfaffenstraße und Friedrichstraße

Schweinemarkt: nordöstlich vom Pfaffenteich

Siegessäule: 1874 am Alten Garten vor dem Burgseeufer errichtet zum Gedenken an die Gefallenen im Deutsch-Französischen Krieg

Spieltordamm: zwischen Ziegelsee und Pfaffenteich

Stadthaus: links neben dem Rathaus, heute Puschkinstraße 44

Stern-Buchholz: Forstgebiet am südlichen Stadtrand

Stiftstraße: zwischen Wallstraße und Schäferstraße

Tannenhof: Gehöft, später die Tannenhöfer Allee hinter dem Schlossgarten

Thalia-Theater: die Stadt kaufte das Theater 1887, um es für die Verlängerung der Kaiser-Wilhelm-Straße abzureißen

Theaterstraße: seit 1841, an der westlichen Seite des Theaters

Totendamm: heute Teil der Goethestraße

Waisenstraße: heute Teil der Bornhövedstraße

Wallstraße: führt von der Goethestraße zum Alten Friedhof

Wasserstraße: im Ortsteil Görries

Werderholz: siehe Schelfwerder

Werderstraße: führt vom Alten Garten zum Güstrower Tor

Wilhelmstraße: heute Zum Bahnhof, zwischen Pfaffenteich und Grunthalplatz

Wiligrad: Schloss, ehemals im Besitz des Herzogs Johann Albrecht, am Schweriner Außensee zwischen Lübstorf und Bad Kleinen

Wismarsche Straße: vom Marienplatz bis zur Chaussee nach Wismar

Wittenburger Straße: zwischen Marienplatz und Obotritenring

Zeltenberg: 50 Meter hoher Hügel östlich der Werdervorstadt am Schweriner Innensee

Ziegelsee: Innen- und Außensee im Norden der Stadt

Ziegelwerder: Insel im Schweriner Innensee

Ziegenmarkt: östlich der Schelfkirche

Zippendorf: Stadtteil östlich des Stadtzentrums

Personenverzeichnis

Adolf Friedrich, Herzog zu Mecklenburg-Schwerin: 1873-1969, Gouverneur der deutschen Kolonie Togo, 1949-1951 Präsident des Deutschen Olympischen Komitees

Ahlert, Georg: Dampfbootbesitzer, 1883 wohnhaft Landreiterstraße 3, besaß den Dampfer „Schwerin", 1873 „Paul", 1885 „Niclot", 1894 „Obotrit"

Ahrens: Ehefrau des Buchbinders Karl Heinrich Ahrens, vor ihrem Selbstmord wohnhaft Ziegenmarkt 6

Ahrens, Karl Heinrich: vor seiner Verhaftung 1884 wohnhaft Münzstraße 1

Albrecht, Richard: betrieb 1909 das Restaurant „Tonhalle" in der Wismarschen Straße, später auch das Kurhaus in Zippendorf

Alexandra von Mecklenburg-Schwerin, Großherzogin: 1882-1963

Alexandrine von Preußen: 1803-1892, Großherzogin von Mecklenburg-Schwerin, Tochter des preußischen Königs Friedrich Wilhelm III. und der Königin Luise

Anastasia Romanowa: 1860-1922, Großherzogin von Mecklenburg-Schwerin, Heirat mit Friedrich Franz II. 1879

Arfert: Betriebsschlosser, zuletzt wohnhaft Ziegenmarkt 6

Auguste von Hessen-Homburg: 1776-1871, durch Heirat 1818 Erbgroßherzogin von Mecklenburg-Schwerin

Bade, Heinrich: Bürgermeister von Schwerin, 1879-1898

Bahlke Joseph: Dampfbootbesitzer, kaufte 1885 den Dampfer „Pfeil", 1906 den Seitenraddampfer „Großherzog Friedrich Franz"

Bassewitz, Henning Friedrich Carl Graf von: 1814-1885, Staatsminister

Bassewitz-Levetzow, Gräfin von: 1864–1940, geb. von der Schulenburg, 1885 Heirat mit Karl von Bassewitz-Levetzow, Staatsminister von 1901-1914

Bauch, Bernhard: Spritfabrik und Kornbrennerei, 1883 wohnhaft Luisenplatz 7

Becker, Eduard: 1833-1897, Geheimer Kabinetts-Registrator, Mitbegründer der freiwilligen Turnerfeuerwehr, Vorstandsmitglied des Männer-Turnvereins

Becker, Heinrich: 1868-1922, deutscher Architekt

Beethoven, Ludwig van: deutscher Komponist, 1770-1827

Behm, Heinrich: 1853-1930, Landesbischof

Bismarck, Otto von: 1815-1898, deutscher Reichskanzler

Boddin von: von 1849-1867 im Dragonerregiment Nr. 17, 1866 Rittmeister und Chef der 1. Eskadron

Boettcher, Dorothea: 1852-1920, Schweriner Schriftstellerin, „Deutsche Klänge in Amerika", Chicago 1895 / „Scherz und Ernst" Hinstorff / „Für die singende Kinderwelt", Heinrichshofen`s Verlag Magdeburg

Bohs, Georg: Malermeister, 1909 wohnhaft Fritz-Reuter-Straße 13

Boll, Carl: Brauer, 1867 wohnhaft Bergstraße 1

Bosselmann, Johann: Gutsbesitzer auf Stellshagen bis 1865, in Schwerin und Zippendorf wohnend, Bauunternehmer, Investor, gest. 09.01.1885

Brahms, Johannes: deutscher Komponist, 1833-1897

Brinkmann, F.: Besitzer einer Fahrradgroßhandlung am Marienplatz 9

Brunnengräber, Rudolf: Hof- und Seifenfabrikant in Schwerin von 1864-1897, Senator

Buchholz, Max: Hofbildhauer und Kunstmaler, 1916 wohnhaft Sandstraße 8

Buchwald, Hermann von: 1845-1913, Landgerichtsdirektor, später Reichsgerichtsrat

Budde, Charlotte: 1870-1957, Lehrerin

Bülow, Bodo von: 1834-1904, mecklenburg-schwerinscher Staatsrat und Vorsitzender des Finanzministeriums

Bünau, Henriette von: geb. von Meerheim, 1859- 1920, deutsche Schriftstellerin

Burmeister, Hans: Bürgerschüler, zuletzt wohnhaft Hintenhof 7

Busch, Robert: 1838-1897, Dr. med., Stabsarzt, 1875 wohnhaft Marienstraße 10

Cäcilie von Baden: 1839-1891: durch Heirat Olga Fjodorowna, Großfürstin von Russland, Mutter von Großherzogin Anastasia

Cecilie, Herzogin von Mecklenburg: 1886-1954, durch Heirat mit Wilhelm von Preußen letzte Kronprinzessin des Deutschen Reiches

Caruso, Enrico: italienischer Opernsänger, 1873-1921

Christian Ludwig, Herzog zu Mecklenburg: 1912-1996, war von 1945 bis zu seinem Tode Chef des Hauses Mecklenburg

Cumberland, Stuart: 1857–1922, englischer Mentalist, Gedankenleser

Daniel, Georg: Architekt, 1829-1913

Davids, Ludwig: 1858-1920, Buchhändler, Verleger

Deimling, Berthold von: 1853-1944, preußischer General der Infanterie

Demmler, Georg Adolf: 1804-1886, Baumeister/Politiker

Dettmann, Ludwig: 1856-1937, Maler, Zeichenlehrer

Diercke, Johann: Dampfbootbesitzer, ließ 1867 den Dampfer „Pilot" in Ostorf bauen

Dreyer, F.: Hofuhrmacher, 1880 wohnhaft Friedrichstraße 15

Driver, Carl: Dr. med., 1809-1891

Dürkop, Johannes: Besitzer der „Stadthallen" und des Konzerthauses „Flora"

Elisabeth von Oldenburg: 1869-1955, war eine Tochter des Großherzogs von Mecklenburg und durch Heirat letzte Großherzogin von Oldenburg

Ekhof, Conrad: bedeutender Schauspieler des 18. Jahrhunderts

Erle, Fritz: deutscher Ingenieur und Rennfahrer

Fabrice-Falk, Maximilian von: Major a.D., Ostorf, Regentenstraße 24, Villa Waltraute

Farnow, Friedrich: Hofbüchsenmacher in Schwerin von 1869-1902

Fett, J.: Böttchermeister, zuletzt wohnhaft Königsstraße 35

Fock, Carl: Arbeitsmann, 1884/85 wohnhaft Bergstraße 6

Friedrich III. von Preußen: 1831-1888, war in seinem Todesjahr 99 Tage lang Deutscher Kaiser

Friedrich Franz I.: 1756-1837, seit 1785 regierender Herzog, ab 1815 Großherzog

Friedrich Franz II.: 1823-1883, seit 1842 regierender Großherzog

Friedrich Franz III.: 1851-1897, seit 1883 Großherzog

Friedrich Franz IV.: 1882-1945, Großherzog von 1901 bis 1918

Friedrich Franz, Herzog zu Mecklenburg: 1910-2001, war von seiner Geburt bis zum November 1918 Erbgroßherzog von Mecklenburg

Friedrich Wilhelm, Herzog zu Mecklenburg: 1871-1897

Friedrich Wilhelm IV.: 1795-1861, König von Preußen

Frommann, Otto: 1863-1928, Leiter der Musikkapelle des Grenadier-Regiments 89

Gädt, Ernst: betrieb eine Putzhandlung und Strohhutfabrik von 1868-1884 in der Schmiedestraße 16

Gamm, Anna von: geb. von Michael, Exzellenz, Oberhofmeisterin der Großherzogin Marie

Gambetta, Léon: 1838-1882, französischer Staatsmann der Dritten Republik

Georg Albert von Schwarzburg-Rudolstadt: 1838-1890, regierender Fürst von 1869-1890

Giffening Emil: 1832-1908, seit 1879 Erster Staatsanwalt beim Landgericht in Schwerin

Glatz, Otto: Diplom-Ingenieur, Regierungsbaumeister a.D., 1916 wohnhaft Elisabethstraße20

Godknecht, Gustav: Kammermusiker, 1916 wohnhaft Rostocker Straße 33

Graberg, Hermann von: 1842-1926, zuletzt preußischer General der Infanterie

Grell, F.: Restaurateur in Zippendorf 1867/68

Gülzow, Carl: Schmiedemeister, 1863 Ziegenmarkt 5

Günther, Theodor: Dampfbootbesitzer, ließ 1866 den Dampfer „Pfeil" in Rostock bauen

Haberecht, Clemens: Mechaniker, betrieb das 1. Mecklenb. Fahrrad-Geschäft in der Schulstraße, gegründet 1873

Hadler, W.: Arbeitsmann, 1880 wohnhaft Bergstraße 6

Hedler, Hermine: führte das Zigarrengeschäft ihres verstorbenen Mannes von 1891-1920 in der Kaiser-Wilhelm-Straße 1

Hafemeister: Fuhrmann, 1884 Wismarsche Straße 29

Hagenbeck, Carl: 1844-1913, Tierhändler und bedeutender Zoodirektor

Hagenbeck, Lorenz: 1882-1956, deutscher Tierpark- und Zirkusdirektor

Heidler, H.: Zimmergeselle, auch Heider geschrieben, zuletzt wohnhaft Paulsstraße 4

Heinemann, Alexander: 1873-1918, Kammersänger

Heinrich von Preußen: 1862-1929, Bruder Kaiser Wilhelms II.

Hempel, Frieda: deutsche Opernsängerin, 1885-1955

Hense, Hedwig: 1848-1922, Lehrerin

Hess, Ludwig: deutscher Sänger und Komponist, 1877-1944

Heydweiller von: Major, 1881-1885 Abteilungs-Kommandeur im Großherzglichen Feld-Artillerie-Regiment

Hoppe, Wilhelm: Arbeitsmann und Hausbesitzer, zuletzt wohnhaft Fritz-Reuter-Straße 14

Hoppenstedt, Gustav von: 1847-1918, während des 1. Weltkriegs Kommandeur der stellvertretenden 34. Infanteriebrigade in Schwerin

Igel, Elisabeth von: 1864-1943, geb. Bronsarth von Schellendorf, Offiziersgattin, auch schriftstellerisch tätig

Jantzen, Eduard: Dampfbootbesitzer, kaufte 1893 den Dampfer „Pribislav“, 1904 den Schraubenraddampfer „Großherzogin Alexandra“

Jochens, Franz: Barbier, 1895 Kaiser-Wilhelm-Straße 28

Johann Albrecht, Herzog zu Mecklenburg-Schwerin: 1857-1920

John Friedrich: Schlossermeister, Fr. John und Sohn Bau und Kunstschlosserei in der Lübecker Straße 19, 1870-1935

Juhr, Karl: Bürgermeister von Schwerin, 1856-1870

Junge, Willy: Bürgerschüler, Vater Heinrich Junge, Bäckergeselle, zuletzt wohnhaft Hospitalstraße 7

Kaehler, Willibald: deutscher Dirigent, Komponist, 1866-1938

Karstädt, C.: Kaufmann, 1875 Inhaber einer Schönfärberei und Druckerei in der Schmiedestraße 25

Kästner, Hermann: Spezialarzt für Hautleiden, Luisenplatz 2, verunglückte 1928 tödlich mit dem Auto

Kirchbach, Günther Emanuel Graf von: 1850-1925, zuletzt Generaloberst im 1. Weltkrieg

Klett, Theodor: 1808-1882, deutscher Gartenarchitekt und Gartendirektor in Schwerin

Klöres, Heinrich: Gastwirt der „Tonhalle“ Wismarsche Straße 65

Knobelsdorff-Brenkenhoff Nataly von: geb. von Eschstruth, 1860-1939, deutsche Schriftstellerin

Köhn, Eduard: Polizei-Protokollist, 1863 wohnhaft Bergstraße 63, dann Umzug nach Landreiterstraße 11

Koenemann, Hermann: 1871-1934, Maler, Grafiker

Kranich, Friedrich: Großherzoglicher Maschinendirektor, 1909 wohnhaft Kleiner Moor 11

Kreft: Kaufmansfamilie, Leinen- und Bettenhandlung, Wäschefabrik, zuletzt Schloßstraße10

Kreutzberg, Gottlieb Christian: 1810/14-1874, Tierschausteller, führte mehr als 30 Jahre die Menagerie Kreutzberg

Krille: Mechaniker- und Optikerfamilie, 1861 am Großen Moor, später in der Königsstraße

Krone, Carl: 1870-1943, Zirkusdirektor, nannte sich zeitweise Direktor Charles

Krone Ida, geb. Ahlers: 1876-1957, alias Miss Charles, 1904 übernahm Ida Krone die von ihrem Mann dressierten Löwen

Krüger, Joh.: 1897-1901, Pächter der Restauration Paulshöhe

Krüger, Theodor: Baumeister, 1818-1885

Küchenmeister, Fritz: Pächter des Schlossgartenpavillons seit 1882, auch Besitzer einer Delikatessenhandlung mit Frühstückslokal in der Wismarschen Straße 55

Kücken, Friedrich Wilhelm: 1810-1882, Musiker und Komponist

Kyrill, Wladimirowitsch Romanow: russischer Großfürst, 1876-1938

Lange, Carl Wilhelm: Bademeister in Kalkwerder, 1895 wohnhaft Baderstraße 7

Langfeld, Adolf: 1854-1939, war ein deutscher Jurist und Politiker und von 1914 bis 1918 Staatsminister des Großherzogtums Mecklenburg-Schwerin

Liliencron, Adda von: Schriftstellerin, 1844-1913

Liliencron, Karl von: preußischer Offizier, 1841-1901

Lind, Jenny: schwedische Opernsängerin, 1820-1887

Lücken von: Premierleutnant, 1875 wohnhaft Komödienstraße 6

Mackensen, August von: 1849-1945, preußischer Generalfeldmarschall

Malchin, Carl: 1838-1923, deutscher Landschaftsmaler

Marie von Schwarzburg-Rudolstadt: 1850-1922, seit 1868 Großherzogin von Mecklenburg-Schwerin

Marie zu Mecklenburg: 1854-1920, durch Heirat Maria Pawlowna, Großfürstin von Russland

Marteau, Henri: deutsch-französischer Geiger und Komponist, 1874-1934

Marung, Hans: Dipl. Ing., Beratender Bauingenieur, 1917 wohnhaft Jahnstraße 13

Masius, Ida: 1824-1897, Vorsteherin des Schweriner Frauenvereins für Krankenpflege

Matzenauer, Margarete: Opernsängerin, 1881-1963

Mendelssohn, Arnold: deutscher Komponist, 1855-1933

Mendelssohn Bartholdy, Felix: deutscher Komponist, 1809-1847

Merseburg, Thietmar von: Bischof von Merseburg und Geschichtsschreiber, 976-1018

Mettenheimer, Carl Friedrich von: Dr. med., 1824-1898

Meyer: 1875, Gastwirt der Ausflugsgaststätte „Tannenhof"

Meyer geb. Döppe: Landreiterstraße 3, führte die Gastwirtschaft ihres verstorbenen Mannes 1878-1892

Michael Nikolajewitsch: 1832-1909, Großfürst von Russland, Vater von Großherzogin Anastasia

Moltke, Helmuth von: 1800-1891, preußischer Generalfeldmarschall, Chef des Generalstabes

Monroy, Ernst von: Jurist, 1839-1895

Morieux, M.: Mechanikus aus Paris, betrieb ein Mechanisches Theater, das möglicherweise schon sein Großvater Pierre 1809 aus Metallfiguren entwickelt hat

Napoleon III.: 1808-1873, von 1852 bis 1870 Kaiser der Franzosen

Naucke, Emil: 1855-1900, Berufsringer und Artist

Neubert: Werkstattmeister, 1880 wohnhaft Luisenplatz 3

Niendorff, Adolf: führte sein gleichnamiges Hotel in der Wilhelmstraße bis 1895, in dem er bereits 1885 den preußischen Kriegsminister Bronsarth von Schellendorff beherbergte

Offen, Friederike, geb. Wickmann: führte das Restaurant auf Kaninchenwerder 1910-1920

Opel, Wilhelm: 1871-1948, deutscher Unternehmer und Mitinhaber der Opel KG

Paegelow, C.: Postdirektor bis zu seiner Versetzung, wohnhaft Kaiser-Wilhelm-Straße 6

Peters, Helmut: Wildhändler, 1875 wohnhaft Apothekerstraße 21

Pichon: Postinspektor, 1880 wohnhaft Wittenburger Straße 14

Pieper, Max: Schlossermeister, vertrieb Fahrräder in der Lindenstraße 5

Pohle, Carl: 1817-1883, Bürgermeister von Schwerin von 1866-1883

Porsche, Ferdinand: 1875-1951, Automobilkonstrukteur und Gründer der Firma Porsche

Rauch, Christian Daniel: 1777-1857, bedeutender Bildhauer des Klassizismus

Rauch, Fedor von: 1822- 1892, preußischer Kavallerieoffizier und Oberstallmeister

Reichenbach, Graf von: Kommandeur des Mecklenburgischen Artillerie-Regiments von 1906-1912

Reitmann, C.: Brunnenmacher, 1880 wohnhaft Lübecker Straße 21

Reinholdt, August und Carl: Tischlerei Reinholdt, 1890-1937 Johannesstraße 17

Reuter, Fritz: 1810-1874, bedeutender Heimatdichter und Schriftsteller

Romberg, Martin: Pastor, 1917 wohnhaft Königsstraße 3

Salingré, Hermann S.: Berliner Possenschriftsteller, 1833-1879

Sander, Fritz: Musiklehrer, seit 1903 Dirigent bzw. Kapellmeister der Schweriner Stadtkapelle

Scheel, Adolf: betrieb von 1877 bis 1905 eine Restauration in der Baderstraße

Schellendorff, Paul Bronsart von: 1832-1891, preußischer General, Staats- und Kriegsminister

Scheven, Hans August: Primaner, Vater Geh. Oberschulrat, zuletzt wohnhaft Schelfstraße 21

Schiller, Ad.: betrieb eine Weinhandlung in der Lehmstraße 1 und ein Restaurant in der Werderstraße 65

Schlicht: Gastwirt, betrieb 1871 die Gastwirtschaft „Zur Fähre“

Schloepke, Theodor: 1812-1878, Hofmaler in Schwerin

Schlotheim, Carl Ludwig von: 1818-1889, preußischer General der Kavallerie

Schmitt, Alois: 1827-1902, deutscher Pianist, Komponist und Hofkapellmeister

Schönemann, Johann Friedrich: 1704-1782, Schauspieler und Theaterdirektor, Namensgeber der Schönemannschen Schauspielakademie

Schöning, Carl: 1855-1928, Postbeamter und beliebter Reuterrezitator

Schröder, Diedrich Willrodt: Pächter von Niendorff's Hotel 1895-1898

Schulenburg, Graf von der: 1863 wohnhaft Friedrichstraße 1

Schuldt, Carl: 1880 Postschaffner

Schultz, Carl und Sohn: Schlosserei von 1892-1934 am Luisenplatz

Schumacher, H.: 1868 Maschinenfabrikant Luisenplatz 13

Strassburger, Adolf: Zirkusdirektor, war jüdischen Glaubens und stammte aus dem Elsass. Er hatte den Zirkus um ca. 1900 gegründet

Strauß, Carl: Fotograf in Schwerin seit 1863, 1866-1869 Atelier Bischofstraße

Strauß, Carl: Brauereibesitzer, betrieb eine Bierhalle in der 3. Wasserstraße, ab 1876 in der Lützower Straße

Strenge, Johann Albrecht: 1883-1955, Verlagsleiter, Buchhändler „Stillersche Hofbuchhandlung“, Kunstreferent

Suhrbier: Arbeiterwitwe, zuletzt wohnhaft Landreiterstraße 5

Suhrlandt, Carl: 1828-1919, deutscher Maler

Tarnow, Rudolf: 1867-1933, niederdeutscher Schriftsteller

Thees, W.: Restaurateur, Wittenburger Straße, später am Großen und Kleinen Moor

Unterstein, Hugo: betrieb eine Papierhandlung mit Mal- und Zeichenmaterial 1905-1910 in der Friedrichstraße 7

Victoria Feodora von Reuß: 1889-1918, durch Heirat Herzogin zu Mecklenburg.

Voß, Fr.: Kaufmann, 1869-1875 Kolonialwarenhandlung am Großen Moor

Wagner: schreibt sich auch Wagener, Restaurateur, 1879/80 Großer Moor 17, später am Schweinemarkt

Wagner, Richard: deutscher Komponist, 1813-1883

Wahnschaft, Kurt: Papier- und Luxuswarenhandlung, von 1904-1930 in der Kaiser-Wilhelm-Straße 24, danach Arsenalstraße 6

Wallenstein, Albrecht von: 1583-1634, böhmischer Feldherr und Politiker, von 1628 bis 1631 Herzog zu Mecklenburg

Wandschneider, Erich: Sohn des Lehrers Ludwig Wandschneider, zuletzt wohnhaft Schäferstraße 22

Warncke, Fritz: Fischereipächter, Knaudtstraße 20, Fischhandlung hinter dem Rathaus 1 im Bereich des Schlachtermarktes

Wenck, Otto: Schuster, zuletzt wohnhaft vor seiner Verhaftung 1884 Großer Moor 21

Wiegandt, Carl: Zigarrenhandlung in der Schmiedestraße 1 von 1888-1910, ab 1911 Am Markt 2

Wilhelm I.: 1797-1888, ab 1871 Deutscher Kaiser

Wilhelm II.: 1859-1941, von 1888 bis 1918 letzter Deutscher Kaiser

Wilhelm von Preußen: 1882-1951, letzter Kronprinz des Deutschen Reiches

Wilhelmi, Axel Samuel Theophil: 1857-1928, Obermedizinalrat

Willborn, Johanna: 1838-1908, betrieb einen Kindergarten in der Apothekerstraße 25 von 1876-1908, der später vom Schweriner Frauenverein weitergeführt wurde, ist auch schriftstellerisch tätig

Willbrandt, Hermann: 1824-1895, Hoftheater-Dekorationsmaler

Willebrand, Hermann: 1816-1899, Architekt und Baubeamter

Winckel, Johann: Zigarrenarbeiter, zuletzt wohnhaft vor seiner Verhaftung1884 am Ziegenmarkt 6

Witbooi, Hendrik: 1830-1905, seit 1888 Führer des mit den Nama verwandten Volks der Orlam

Wladimir Alexandrowitsch: russischer Großfürst, 1847-1909

Wolf: Braumeister, 1867 wohnhaft Bergstraße 13

Wossidlo, Richard: 1859-1939, Gymnasialprofessor, Mitbegründer der deutschsprachigen Volkskunde

Wrangel, Karl Freiherr von: 1812-1899, preußischer General der Infanterie

Zander, Max: betrieb 1897 eine Restauration und Weinhandlung in der Schlachterstraße 7, die schon früher im Familienbesitz war

Zscheked, Gertrud geb. Voß: Malerin, 1886-1970

Zscheked, Richard: Maler und Grafiker, 1885-1954

Literaturverzeichnis

Adressbuch von Schwerin: Bärensprungsche Hofbuchdruckerei, 1850-1918

Autorenkollektiv: Betrachtungen zu Schwerins Straßennamen, Schwerin 1984

Autorenkollektiv: Lexikon Mecklenburg-Vorpommern, Rostock 2007

Bartels, Olaf: Hermann Willebrand, in Biographisches Lexikon für Mecklenburg Bd. 8, Schwerin 2016

Bentzien/Neumann,: Hrsg. Mecklenburgische Volkskunde, Rostock 1988

Berl, Heinrich: Napoleon III. München 1946

Borchardt, Erika und Jürgen: Mecklenburgs Herzöge, Schwerin 1991

Borchert, Jürgen: 150 Schweriner, Schwerin 1992

Borchert, Jürgen: Alexandrine, Schwerin 1995

Brinker, Udo: Chronik der Stadt Schwerin, Schwerin 2012

Brost Erich/Krieck Manfred: 700 Jahre Zippendorf, Schwerin 1984

Buddrus/Fritzlar: Landesregierungen und Minister in Mecklenburg 1871-1952, Bremen 2012

Bülow, Paula von: Aus verklungenen Zeiten, Leipzig 1925

Burmeister, Wilhelm: Chronik des höheren Mädchenschulwesens in Schwerin o. J.

Cecilie, Kronprinzessin: Erinnerungen, Leipzig 1930

Christian Ludwig Herzog zu Mecklenburg: Erzählungen aus meinem Leben, Schwerin 1996

Credé-Rehberg, Christine: Theodor Klett, in Biographisches Lexikon für Mecklenburg Bd. 6, Rostock 2011

Dambrowski, H. von: Herzog Friedrich Wilhelm zu Mecklenburg, Berlin 1898

Ende, Horst: Georg Daniel, in Biographisches Lexikon für Mecklenburg Bd. 5, Rostock 2009

Erdmann Hans: Schwerin als Stadt der Musik, Lübeck 1967

Falk/Figura: Zu regem Besuche ladet höflichst ein, Rostock 2016

Falow, Peter: Schwerin und sein Bahnhof, Schwerin 1999

Findeisen, Jörg-Peter: Kleine Schweriner Stadtgeschichte, Regensburg 2009

Frankenstein, Norbert von: Schwerin in alten und neuen Reisebeschreibungen, Düsseldorf 1991

Fromm, Ludwig: Chronik der Haupt- und Residenzstadt Schwerin, Schwerin 1862

Glade, Heinz: Schweriner Skizzen, Leipzig 1978

Glade, Heinz: An den Seen unseres Nordens, Leipzig 1972

Graumann, Helmut: Bedeutende Mecklenburger und Vorpommern, Drönnewitz 2000

Greve, Dieter: Schweriner Straßennamen, Schwerin 2001

Grewolls, Grete: Wer war wer in Mecklenburg-Vorpommern, Bremen 1995

Groppa, Kurt: Einst 2 PS – heute Tatrazug, Schwerin 1988

Großherzoglich Mecklenburg-Schwerinscher Staats-Kalender: Schwerin, Bärensprungsche Hofbuchdruckerei 1850-1918

Gundlach, Jürgen: Richard Wossidlo, in Biographisches Lexikon für Mecklenburg Bd. 2, Rostock 1999

Hatten, Gertrud von: Lebensbild der Freifrau Adda von Liliencron, Berlin 1913

Hirschfeld, Ludwig von: Friedrich Franz II., 2 Bde. Leipzig 1891

Hirschfeld, Ludwig von: Von einem deutschen Fürstenhofe, 2 Bde. Wismar 1896

Hückstädt, Arnold: Rudolf Tarnow, Rostock 1995

Jatzlauk, Manfred: Helmut von Moltke, Schwerin 2000

Jesse, Wilhelm: Geschichte der Stadt Schwerin, 2 Bde., Schwerin 1913/20

Jessen, Olaf: Die Moltkes, München 2010

John, Anke: Bassewitz, Henning von, in Biographisches Lexikon für Mecklenburg Bd. 7 , Rostock 2007

Jürß, Lisa: Carl Malchin, in Biographisches Lexikon für Mecklenburg Bd. 6, Rostock 2011

Kalender auf das Jahr Christi 1872: Hinstorffsche Hofbuchhandlung 1872

Kasten, Bernd: Johann Albrecht, in Biographisches Lexikon für Mecklenburg Bd. 8, Schwerin 2016

Keubke/Mumm: Mecklenburgische Militärgeschichte, Schwerin 2000

Keubke, Klaus-Ulrich: 250 Jahre Weingroßhandlung Joh. Uhle, Schwerin 2001

Kirchstein, Jörg: Cecilie, in Biographisches Lexikon für Mecklenburg, Bd. 8, Lübeck 2016

Koolman, Antje: Friedrich Wilhelm Kücken, in Biographisches Lexikon für Mecklenburg Bd. 8, Schwerin 2016

Krempien, Margot: Georg Adolph Demmler, Schwerin 1982

Krönert/Karge: Mecklenburg und der Erste Weltkrieg, Schwerin 2010

Lange, Carl: Generalfeldmarschall von Mackensen, Berlin 1935

Langermann und Erlencamp von/Voigts-Rhetz von: Geschichte des Grenadierregiments Nr. 89, Schwerin 1895

Langermann und Erlencamp, A. M. von: Der Dom zu Schwerin, Schwerin 1931

Langfeld, Adolf: Mein Leben, Schwerin 1930

Leopoldi, Hans Heinrich: Schwerin, ein Sommermärchen, Schwerin 1960

Liliencron, Adda Freifrau von: Krieg und Frieden, Berlin 1912

Liliencron, Adda Freifrau von: General der Infanterie Freiherr Karl von Wrangel, Gotha 1903

Liliencron, Adda Freifrau von: Reiterbriefe aus Südwest, Oldenburg 1907

Mecklenburg im Kriege: Bärensprungsche Hofbuchdruckerei Schwerin 1918

Mecklenburger Nachrichten: Schwerin 1887-1918

Mecklenburgische Zeitung: Schwerin 1848-1918

Münch, Ernst: Friedrich Franz I. in Biographisches Lexikon für Mecklenburg Bd. 6 Rostock 2006

Ondarza, von: Geschichte der Großherzoglich Mecklenburgischen Artillerie, Leipzig/Dresden 1913

Parchmann, Reinhard: Militärbauten in Mecklenburg, Schwerin 2001

Quade, Gustav: Chronik der Haupt- und Residenzstadt Schwerin, Schwerin 1892

Quade, Gustav: Mecklenburgs Anteil am Kriege 1870/71

Reinhardt, Otto: Geschichte Mecklenburgs, Neubrandenburg 1912

Röpcke, Andreas: Adolf Friedrich Herzog zu Mecklenburg, in Biographisches Lexikon für Mecklenburg Bd. 5, Rostock 2009

Rühberg, Nils: Das alte Schwerin, Stadtbild und Bauten, Schwerin1983

Rühberg, Nils: Markt und Rathaus, Schwerin 1988

Rühberg/Kunze: Der Schweriner Pfaffenteich, Schwerin 1985

Schack, Adolf Friedrich Graf von: Ein halbes Jahrhundert, Stuttgart 1889

Schellendorf, Bronsart von: Kriegstagebuch, Bonn 1954

Schinkowski, Anton: Aus der Postgeschichte der Stadt Schwerin, Schwerin 1997

Schlie, Friedrich: Kunst- und Geschichtsdenkmäler, Band II, Schwerin 1898

Schmale/Nebelung: Zwischen Schule und Heeresdienst, Bielefeld und Leipzig 1916

Schröder, Edmund: Skizzen aus einer alten Stadt, Schwerin 1955

Schröder, Klaus-Henning: Davids Enkel, Schwerin 1991

Schubert Helmut, Hrsg.: Luftfahrtgeschichte in Schwerin, Bonn-Bad Godesberg 2001

Seeler: Geschichte des 1. Großherzoglich Mecklenburgischen Dragoner-Regiments Nr. 17, Berlin 1885

Spencker, Friedrich Dr.: Das Lyzeum mit Studienanstalt in Schwerin, Schwerin o. J.

Steinbruch, Brigitta: Carl Mettenheimer, in Biographisches Lexikon für Mecklenburg Bd. 5 Rostock 2009

Vehse, Eduard: Geschichte der kleinen deutschen Höfe, Dritter Teil, Hamburg 1856

Vitense, Otto: Gotha 1920

Wendt, Ralf: Schweriner Geschichte, Schwerin 1980

Wiese, René: Orientierung in der Moderne, Bremen 2005

Willgeroth, Gustav: Die Mecklenburgischen Ärzte, Schwerin 1929

Witte: Kulturbilder aus Alt-Mecklenburg, Leipzig 1911

Wüsthoff, H.-Jürgen: Rudersport in Schwerin 1871 bis heute, Schwerin 2005

Zache, Hans: Die Deutschen Kolonien, Wiesbaden 2004

Zander, Dieter: Die Schweriner Schelfstadt, Schwerin 1984

Vom Autor verfasste und veröffentlichte Texte, die teilweise in Auszügen verwendet wurden

Experimente vor den Toren der Residenzstadt: Schweriner Erfahrungen mit Bucherschen Löschdosen, in: Mecklenburg, Bd. 45 (2003)

Eine Sedanfeier in Schwerin, in: Mein Mecklenburg, Bd. 3 (2010)

Es ist dieser betrübende Vorfall eine Warnung: am 26. Januar 1909 passierte der erste tödliche Verkehrsunfall mit einer Straßenbahn in Schwerin, in: Mein Mecklenburg, Bd. 3 (2010)

Löwenfrühstück mit Miss Charles alias Ida Krone: das Schweriner Zirkusjahr 1908, in: Mein Mecklenburg, Bd. 4 (2011)

Allerhöchster Beifall: das Festspiel „Die Befreiungskriege" in lebenden Bildern mit Vereinsmitgliedern, Frauen und Kindern in der Schweriner „Flora", in: Mein Mecklenburg, Bd. 4 (2011)

Zur Besichtigung freigegeben: im 1. Weltkrieg entstand auf dem Schweriner Großen Dreesch eine Musterschützengrabenanlage, in: Mein Mecklenburg, Bd. 5 (2012)

Preiskorso vom Luisenplatz zum alten Garten: vor 115 Jahren Frühjahrsgautag des deutschen Radfahrerbundes in Schwerin, in: Mein Mecklenburg, Bd. 5 (2012)

Beutestücke von den Schauplätzen des Ersten Weltkrieges: die „Deutsche Kriegsausstellung 1916", in: Mein Mecklenburg, Bd. 5 (2012)

Brüchiges Eis: Ein Unglückstag im Januar 1917, in: Mein Mecklenburg, Bd. 6 (2013)

Schwerin 1880: Ein Postraub aus Rache, in: Mein Mecklenburg, Bd. 6 (2013)

Sogar Propeller, Türen und Fußbälle aus Holz: Kriegsnagelungen in Schwerin, in: Mein Mecklenburg, Bd. 6 (2013)

Eduard Becker und die freiwillige Turnerfeuerwehr Schwerins, in: Mein Mecklenburg, Bd. 6 (2013)

Zweimal Sonntag, der 21. Mai: Tod in den Wellen, in: Mein Mecklenburg, Bd. 7 (2014)

Ein Gabentempel für die Preise, in: Mein Mecklenburg, Bd. 7 (2014)

Prominente Solisten im Großherzoglichen Marstall: das 13. Mecklenburger Musikfest 1909 war ein großer Erfolg, in: Mein Mecklenburg, Bd. 8 (2015)

Gefälschtes Bier?: was die Schweriner im verregneten Sommer 1867 aufregte, in: Mein Mecklenburg, Bd. 8 (2015)

Kampf um militärisches Prestige: Friedrich Franz II. sehnte sich nach Anerkennung - und schaffte es oft nicht, sich als Feldherr auszuzeichnen, in: Schweriner Volkszeitung (2017)

Die Schriftstellerin Adda von Liliencron (1844-1913) : Kritikloses Engagement für die „Afrikakämpfer", in: Mein Mecklenburg, Bd. 9 (2016)

Für Kaufmann Gaedt kam jede Hilfe zu spät: 1884 erlebte Schwerin einen Unwettersommer, in: Mein Mecklenburg, Bd. 9 (2016)

Unachtsamkeit kostete ein Menschenleben, in: Schweriner Volkszeitung, (2017)

Kaisergeburtstag, in: Stier und Greif (2017)

Mit Löschdose und Minimax: im 19. Jahrhundert entstanden viele Mittel und Geräte zur Brandbekämpfung, in: Schweriner Volkszeitung (2018)

Im Fischerkahn zur Regatta: als die Schweriner den Wassersport entdeckten, Schweriner Volkszeitung (2018)

Greenhouse wird Lazarett, in: Schweriner Volkszeitung (2018)

Am Pfingstsonntag zur Landpartie, in: Schweriner Volkszeitung (2018)

Siegestaumel und weiße Flagge, in: Schweriner Volkszeitung (2018)

Einbruch zu dunkler Stunde, in: Schweriner Volkszeitung (2018)

Pleiten, Pech und Pannen: dem Jahr 1875 sahen einige Schweriner mit Schrecken entgegen, in: Schweriner Volkszeitung (2018)

Ihnaltsverzeichnis